U0077027

幼兒教育概論

An Introduction to Early Childhood:
A Multidisciplinary Approach

Tim Waller　主編

陳薏如、劉菊枝　譯

An Introduction to Early Childhood

A Multidisciplinary Approach

Edited by Tim Waller

謹將本書獻給我們的孩子

目 錄 ·········· CONTENTS ········

關於作者

Celia Doyle 致力於兒童福利保護領域（尤其是兒童保護工作）超過三十年，她在地方政府與英國防止虐待兒童學會（NSPCC）擔任社工，直到家中增添了幼小家庭成員，於是轉為獨立工作，且在大學社會工作系擔任講師。她本身擁有心理學學士與碩士學位，所以也教授兒童發展課程；擔任教職期間仍繼續研究兒童福利的相關議題，特別是關於斯德哥爾摩症候群（Stockholm syndrome），其博士論文為有關兒童情緒虐待。因其對兒童遭受照護者情緒虐待的社會研究，而獲得英國學術獎助金的支持，其於兒童保護的相關主題上已發表多本專書。目前正在進行《輔導受虐兒童》（*Working with Abused Children*）第三版的工作。

Kyffin Jones 於北安普頓大學（University College North-ampton）教育學院擔任高級講師，主要教授課程為大學部與在職專業發展之融合教育學習，受過幼兒教育的專門訓練，並於英美兩地主流與特殊學校擔任教職。擔任教職前，於成人特殊教育機構生命教育中心擔任學習與自閉症的諮詢教師，其研究興趣包含支持泛自閉症障礙學生之有效模式與互動技巧。

Gill Handley 於北安普頓大學幼兒研究榮譽學士班擔任兼任講師，同時也在空中大學（Open University）的社工證照

課程擔任副講師，曾在兒童與家事法庭諮詢及支援服務處（CAFCASS）擔任家事法庭顧問，在法庭訴訟程序代表兒童爭取利益。她在政府當局擔任社工，也是合格之社工導師與監督者。其研究興趣包含兒童領養前與領養後之權利，特別是關於法庭決定之兒童未來照護，及其與親人接觸之相關權利。

Christine Hickman 於北安普頓大學教育學院擔任高級講師，教授學院內各類課程，為特殊教育與研究中心（Centre for Special Needs Education and Research）之會員。其特殊專長為泛自閉症障礙，並於主流與特殊學校任教及擔任地方教育局顧問。研究興趣包含語言能力與挑戰性行為之關聯性、與自閉症兒童互動方法，以及斯堪第那維亞半島之優生計畫。

Eunice Lumsden 於北安普頓大學的幼兒研究學士榮譽課程擔任領導者，也在社會工作的兒童關懷方面講課，於兒童與青少年心理健康（Child and Adolescent Mental Health）擔任MSC，並在空中大學擔任副講師。加入團隊之前，曾在法定與志願部門擔任社會工作從業人員超過二十年，並擔任社會工作方面的實習老師。其研究興趣包含領養議題與大學部超齡學生的衝擊問題，目前正從事領養諮商組織之研究。

Tania Morris 於 1980 年代受訓成為合格心理護理人員，並在各種臨床場域擔任心理護理人員。近年來一直從事兒童

與青少年心理疾病治療，與臨床護理專家協助飲食障礙兒童。其研究領域與特殊興趣為飲食障礙及兒童過胖症，目前為北安普頓大學之合格前與合格後護士課程之高級講師。

Jane Murray 在擔任北安普頓大學幼兒與英文教育高級講師前，曾在英國擔任學齡前與小學教育教學從業者近二十年，其特殊興趣為兒童開始學校教育之相關研究。

Sharon Smith 於北安普頓大學幼兒健康與社區護理學院擔任高級講師。為合格之護士與保健人員，並於諾丁罕大學（Nottingham University）獲得基層健康服務教育碩士。目前擔任教學職務，教學領域包含協調社區護理與幼兒研究單元，並教授合格前與合格後之社區護理與兒童健康課程。此外，Sharon 擁有小學教育師資學分班證書，且在當地小學擔任主管。

Ros Swann 於格洛斯特大學（University of Gloucester）幼兒教育系擔任高級講師，曾擔任北安普頓大學幼兒研究課程的領導人，教授兩種課程，一為幼兒教育研究學位，另一為擁有合格教師身分之榮譽教育學士課程。昔日為布理斯托地區（Bristol）之幼兒教師，並曾在美加地區學校擔任過教職。進入北安普頓大學之博士後課程前，曾在格洛斯特大學教授大學部與研究生課程。此外，也在美國、澳洲、加拿大與芬蘭講授初等師資課程，其研究興趣包含幼兒教師專業認證與幼兒研究之基礎階段教師訓練。

Tim Waller 為史旺西大學（Swansea University）幼兒研究系學士後研究部門主任，先前擔任北安普頓大學教育學院之幼兒研究團體領導人，亦為幼兒研究學士榮譽課程之課程領導人，曾在英國之托兒所、幼兒學校與小學擔任教職。其研究興趣包含幼兒讀寫能力、資訊通訊科技（ICT）、戶外學習與平等教育，且研究八歲以上兒童使用電腦情形。最近出版關於資訊通訊科技在讀寫能力上教學的應用；此外，並參與國際研究計畫，比較瑞典與英國幼小兒童在家與學校使用電腦之情況，同時也參與透過戶外遊戲促進兒童福祉的調查研究。

關於譯者

陳蕙如（負責第 1 至 5 章之翻譯）

學歷：美國愛達荷大學（University of Idaho）教育博士

經歷：吳鳳技術學院應用外語系專任講師

　　　高鳳技術學院應用英語系專任助理教授兼任學生輔導
　　　中心主任

　　　譯者於 2005 年開始講授有關藝術治療之相關課程，其
　　　中包含工作坊、講座等相關研習，並於 2008 年起於台
　　　中市特教資源中心進行藝術治療工作坊之研習。

現職：朝陽科技大學師資培育中心專任助理教授

劉菊枝（負責第 6 至 9 章之翻譯）

學歷：台灣體育大學（桃園）運動技術學系學士

　　　美國東華盛頓大學（Eastern Washington University）
　　　教育碩士

　　　美國愛達荷大學哲學博士

經歷：長庚技術學院體育組專任助教

　　　開南大學體育室專任講師

現職：開南大學體育室專任助理教授

前言

　　幼兒期（通常指從出生到八歲這段期間）現在在英國與國際間受到相當大的注意。1997 年起，英國工黨政府投入一筆可觀的資金在國家兒童照顧策略（National Childcare Strategy）與「安穩起步」（Sure Start）計畫，以支援育有幼兒的家庭，特別是遭受經濟剝奪的區域。而最近的《2004 年兒童法案》（Children Act, 2004）也提出創立多元學問（multidisciplinary）的兒童中心，以提供包括早期的兒童政策與未來十年的政策發展之完整服務。

　　儘管這些提議的出發點受到肯定，但在幼兒教育與照顧的成效、花費和品質上，為三歲以下幼兒制定的法規，以及當地政府要如何拿捏在兒童照顧上的介入與控管，並在兒童與家長的需求間取得平衡，這些議題都引起許多關注與爭論。

　　幼兒期研究可說是一個新興領域，因此，許多英國高等教育大學與學院開始提供幼兒教育研究（Early Childhood Studies, ECS）學位，而 ECS 的相關課程也在過去四年裡大幅增加。幼兒教育科系的學生可說是非常幸運，因為他們能夠從數種既有學科中參考其學術觀點，例如人類學、生物學、教育學、健康、歷史學、心理學和社會學。從實務方面來看，這些學科的相關書籍通常都被置放於圖書館的各個角落，而隨著有關幼兒期的參考文獻持續增加，若能單獨分類

的話將可藉此而相得益彰。

　　許多近期關於幼兒期的文獻，紛紛對幼兒期的傳統觀念提出質疑，特別是不滿其對「兒童發展」為解讀兒童生活的關鍵角色所提出的批判（例如 Penn, 2005）。傳統的幼兒期觀念是有問題的，原因之一是因為他們把單一特定的幼兒期類型，像是普世價值般地施加於每個兒童身上。同時，過去許多研究都未曾站在兒童的角度思考。因此，本書作者的目的不在於宣揚那些排外的、只以經濟條件優渥，如西歐、美國、加拿大、澳洲、紐西蘭的兒童為主體的西方幼兒期觀點。

　　本書是自 1999 年起，由作者與幼兒教育研究的學生合作之成果。在這群學生中，為數不少的人是具實務經驗的幼兒教育者，大部分的學生都對學習幼兒教育有高度的動機，而全體學生的承諾與成就對作者們來說亦是最大的鼓舞。每位作者本身在幼兒教育、健康，或是社會關懷，亦具有實務經驗。本書中多元學問的主題，也反映了作者在與兒童和其家庭相處過程，以及在大學與研究所任教之整體心得。本書也會向讀者說明在幼兒期研究中，存在多樣卻互補的觀點可能性。

本書目的

　　本書旨在提供一本當代的、整體且具多元學問的讀物，涵蓋了現今國際針對幼兒期所探討重大觀點背後的理論背景。本書一部分是根據美國北安普頓大學幼兒教育研究的

普設課程。這堂課的目的除了引導學生認識一些主要的領域，更希望所呈現的概念能挑戰學生的思維，並引起學生的廣泛回應和更進一步的研讀。在深思多元學問的觀點之重要性後，本書亦納入近年來在此領域發表之其他研究主題，然而不可避免地，要涵蓋全部層面仍是力有未逮，因此，本書各章討論的主題多為作者之專長與興趣所在。

內容

　　書中內容的設計乃針對廣泛的讀者群，特別是鮮少有機會研讀幼兒教育的人士，書中的介紹範圍以及在核心議題上的強調，都相當適合此領域的新手，或是想進一步了解當代幼兒教育議題的學生。

　　以下的主題構成每一章節的論題基礎與討論架構：

- 尊重與保護兒童的權利與個體性。
- 機會均等。
- 家庭與社區經驗及支持。
- 多元專業人士與相關各種學問的共同研究。
- 讀者應有表達自身體驗和學習的機會。

本書一開始便表達對兒童權利的關注。第一章概述近來幼兒法規所帶來的衝擊，包括《聯合國兒童權利公約》（United Nations Convention on the Rights of the Child, UN-CRC）、《1989 年兒童法案》與《2004 年兒童法案》。本章討論的是在定義兒童權利上所遇到的困難，以及在參與權和

保護權間的主要爭論。最後，本章回顧了兒童的參與在早期
幼兒教育實施上的涵義，並檢視如何使兒童在參與權上有更
大的空間。

第二章聚焦於兒童保護，讀者們可能會在文中發現某部
分參雜了情感訴求，本章提供一些兒童保護的主要觀念，因
為兒童有可能遭受虐待與忽視。本章主要強調的是，虐待者
是那些來自負責照顧兒童的人，特別是雙親。有關受虐者產
生的辨認障礙和受害者被虐後的衝擊，似乎可從「斯德哥爾
摩症候群」的病兆尋得脈絡，因為此病症導致兒童會對施虐
者忠誠，並產生情感。

第三章介紹的是幼兒期的接納性觀點。特別的是，本章
包含了兒童在幼年期所需的特別教育背後的理論概述，包含
教育的定義與哲理是經過歷史與立法的背景分析而成的。儘
管多部門合作模式的重要性是被認可的，本章的焦點仍是在
教育觀點。本章參考了一些個案研究以闡明因應需求而制定
的一系列法規，並且指出有效的實務操作模式。

第四章檢視跨機構合作之發展，以及機構外依然存在專
業性界限的原因。本章欲藉由說明合作時的語言，以提供讀
者在跨專業整合上有更多的了解；誰應該被納入此合作模
式，以及何為有效的溝通元素。本章並認為幼兒從業人員的
早期訓練之作用，在培養現今立法與政策下工作的專業人員
所需之技巧，像是「每個孩子都重要：為孩子而改變」
（Every Child Matters: Change for Children）等政策（Department for Education and Skills, 2004e）。

　　第五章提供了為幼兒期研究基礎的國際文獻與研究之綜述。許多近來的文獻批評「兒童發展」在有關幼兒理論中的核心角色。為了提供關於幼兒之當代敘述，本章旨在驗證及帶有批判性地探討現代理論的五個重要原則。

　　英國兒童的健康狀況在第六章中有所討論，採取全面性的兒童健康觀點，來探討兒童的生理、情感與心理安適。本章指出相關的社會政策與社經影響，包括近來的全國服務架構（National Service Framework, 2004），並且採用個案研究與實際案例來說明健康計畫的執行狀況。

　　第七章的焦點放在兒童的學習。本章開頭簡短地介紹了傳統的學習理論，接著並詳加介紹學習的關聯性與配置性。本章特別討論為什麼兒童遊戲、與敏察的成人之互動關係，和所謂的「鷹架教學模式」（scaffolding），能帶來成功的學習。同時，本章亦提供近來學習理論的概要，包括 Carr、Rogoff 和 Vygotsky。本章最後以成功學習者特質之摘要作結。

　　第八章提供兒童研究的理論與方法之綜述。本章一開始，便檢視關於西方當代社會中的兒童研究內容和原理闡述，探討了兒童研究的四個主要構成要素（觀察、對話、代理機構與專業判斷）。本章接著進行對兒童研究領域的探索與討論，包括在兒童研究脈絡下的童年建構，與由衛生保健、社會關懷及教育等從業人員所做之兒童研究。

　　本書最終章（第九章）關注針對幼兒期的國際觀點。本章討論近來從國際間幼兒教育與照顧的比較中獲得的一系列

心得，很多重要的相似處與趨勢已被確立。然而，本章認為
兒童教育與照顧政策仍需要更多世人的支持與加入。本章回
顧了幼兒政策與法規，針對細節評論不同的課程和「品質」
的觀念。本章對兩項國際知名的幼兒條款（義大利的 Reggio
Emilia 與紐西蘭的 Te Whãriki）有簡短的概述，好讓學生藉
由比較，發揮其批判的視野以及能力。本章以「兒童服務」
應該以「兒童空間」代之的見解作為總結（Moss & Petrie,
2002）。

本書架構

　　本書的每一章意在對現今文獻與研究提供詳細的回顧。
每章開始與結尾都有簡要的摘要，並在結論確立進一步的閱
讀與章節要點以供深思，進而促進幼兒期研究之批判性思
考。同時，某幾章也在適當時機利用小短文、個案研究與小
品文，來闡明理論與概念性的議題。

　　歡迎進入幼兒領域！

Tim Waller

譯序

　　本書為 Tim Waller 與其執教之研究所學生合作之成果，資料之蒐集早自 1999 年即已開始，內容則由作者們依據本身之專長與興趣所建構，旨在提供一本當代的、完整且多元之幼兒教育讀物。書中內容乃針對廣泛的讀者群，特別是鮮少有機會研讀幼兒教育者，書中的介紹範圍以及在核心議題上所強調的，都相當適合此領域的新手或是想進一步了解當代幼兒教育議題的學生。

　　本書開宗明義即針對尊重與保護兒童之權利與個體性予以深切關注，並強調城鄉差距所造成兩區幼兒之機會不均等，且深切盼望家庭與社區兩者之經驗相結合並給予彼此支援。同時也鼓勵與幼兒教育有關之各專業人士彼此共同研究以促進，更期望讀者能在閱讀過本書後能分享自身體驗與從書中所習得之相關經驗。上述即為本書之理論基礎與基本架構。

　　甫翻譯此書，對 Tim Waller 及其學生在分享幼兒教育之相關經驗與心得，首先談及尊重並視幼兒為一獨立個體之印象頗深，該觀念與中國傳統上視子女為父母生命之延伸大有不同。書中之理論基礎與主體架構無不希望社會與家庭能在幼兒成長過程中竭盡所能給予正面的成長經驗，以期幼兒能帶著正面之成長經驗進入兒童期甚至青少年期；現今在台灣寶島成長之幼兒，在進入幼稚園開始接受啟蒙教育時，大多

會被安排要學習在未來成長的過程中所必須具備的專項才藝，雖有部分幼兒有被授予選擇是否參與專項才藝的權力，相信很多家長會對稚齡的幼兒即須背負這樣的壓力深感不捨。

翻譯此書的過程中，Tim Waller 及其學生在幼兒教育之觀點，開啟了本身對該領域的新視野，現今社會福利雖較數十年前有所進步，但在社會各層面有很多不同的聲音在提醒仍有很大的改善空間，在生育率漸趨量少質精的現今社會，以幼兒、兒童及青少年為出發點來思考該怎樣協助社區中擁有幼兒、兒童及青少年之家庭，並讓這些新生命擁有適當的成長經驗，以期整個社會的進步與成長，甚且需要政府、專家學者、社區與家庭一起努力，以建構適合幼兒、兒童及青少年成長的環境。

譯畢此書在教育瀚海裡雖微不足道，但對自我而言卻是不同的嘗試，一開始期望能在過程中經歷不同層面學習，現則期望能使得更多的人對幼兒教育有粗淺的認識。學習無所謂的終點，幼兒在跨出第一步之後，探索的範圍會更廣闊，每次不同的嘗試，總將自己視為甫跨出第一步的幼兒，深知自己仍有很大的成長空間，亦知道自己在這初次嘗試之後，會再經歷更多不同層面的學習與成長，不管是正面或者負面的經驗都是學習，期望在教育這領域略盡棉薄之力。

陳蕙如 謹識

母親總是說

唱吧，孩子，唱吧

做一首歌

然後唱吧

敲出你自己的旋律

你生命的旋律

讓這首歌充滿感情

讓你的人生

歌唱

—— *Micere Githae Mugo*

第1章

兒童參與權

Gill Handley

　　本章將以定義兒童權利之困難度作為開端。在《聯合國兒童權利公約》（UNCRC）以及 1989 和 2004 年制定的《兒童法案》（Children Act）下，在行使職權時，針對兒童的參與度與兒童之判斷能力問題，進而進行討論。並進一步討論可讓兒童行使其參與權之能力的角色和判斷能力的問題。最後的結論則指出早期的參與是可以推進的。我們也針對重要的問題和未來應做更進一步研究的相關議題提出建議。

本章主要著重於兒童的參與權,並分別探討在英國及國際間究竟有多少法案與施行細則在維護這些權利。兒童參與權的主要爭論點在於兒童權的執行及維護不僅相當困難,而且也頗具爭議;加上由於這二項權利間根本的牴觸,和只能擇一保護的問題,最有可能導致被不當地引用(Burr, 2004)。所爭論的還包括後者係被優先視為符合幼年時期的優勢部分,其將兒童視為是需要接受成人的指導、保護和管理。對於所有從事與兒童及青年人相關領域的人來說,一項重大的挑戰是如何補救其中的偏頗。

何謂兒童權利?

用來闡述兒童的權利及一般權利的文字的確令人感到困惑。根據我們對「權利」(rights)一詞的了解,並未賦予特定的意義,而是反映出不同的社會變遷及政治的意識型態和價值觀(Roche, 2001)。舉例來說,近來,有關個人主義者之人權的見解,係依據《歐洲人權公約》(European Convention on Human Rights, ECHRC)和《聯合國兒童權利公約》(UNCRC)的定義。這些見解都是深植於西方的哲學思想,而非南方或東方的哲學,其中東方哲學則傾向於更加強調家庭和社區的責任,遠勝於個人的利益(Burr, 2002)。

所謂「權利」一詞,也用來意指道德及法律上的權利,以及日常生活中所應具有的利益及見解(Macormick, 1982; Eekelaar, 1992; Freeman, 1983; Fortin, 2003)。雖然權利的見解通常涉及一些事物應得之權利資格的概念、該項權利資格

的對象，和權利資格的歸屬，以及各式各樣歷史、社會及政治情境的差異和變遷。舉例來說，英國女性直到二十世紀初才擁有投票權，而孩童直到二十世紀晚期才被認為有資格從成人中分割出其應得的單獨權利；如果其先決條件是注重選擇能力而非執行能力的話，則對於兒童是否該被視為權利的完全擁有者的見解，迄今仍存有爭議（Freeman, 1983; Fortin, 2003）。

　　對於幼年時期（childhood）和由其所推論之「兒童」（a child）兩者的解釋，仍難以做出明確的定義。幼年時期本身被廣泛地認為是一種社會結構，而非生物實體（Stainton Rogers, 1989; Franklin, 2002; Jenks, 2004）。何謂幼年時期？從哪個年齡開始起算，又何時才結束？見解眾說紛紜（Aries, 1962; Fortin, 2003），在同一個時期盛行的解釋也各不相同，欠缺統一的見解。以目前在英國的情況為例，兒童若不是被視為無辜且需要加以保護的天使，就是被當作需要加以管制的「罪犯」（Goldson, 2001; Franklin, 2002）。Burr（2002）則主張，在越南的街童，同樣若不是被視為受害者，就會被當作罪犯。在法律上也是以不同方式來闡明幼年時期及「兒童」（James & James, 1999）。舉例來說，歐洲不同地區制定的法律，對於罪犯的責任承擔年齡各不相同，蘇格蘭是八歲，英國為十歲，而比利時則是十八歲。在英國法律中，有時候兒童會被界定是十六歲，而有時則是十八歲以下。舉例而言，十七歲可以購買香菸卻不能買酒；十六歲能擔任全職工作，但卻不能擁有房屋的租用權（請參考第五

章中更多有關幼年時期的詳細說明）。

◎ 保護權與參與權

　　三十多年來，在社會和政治圈中，逐漸接受兒童應該擁有個人的自主權（Lansdown, 2001）。有愈來愈多的人贊同兒童在自己的生活圈中該擁有自己的代理權。一般人認為，兒童愈來愈有能力處理一系列涉及自身權益的各種決定，而不是認定兒童應該被動依附成人的照料和決定（Alderson, 2005; James & James, 1999; Munby, 2004）。當過去成人的決定被視為有不利的影響時，能夠體認到兒童這樣的能力也變得愈來愈重要了。例如，遭受成人情感創傷的兒童決定他們應該要與父母分離或接受醫院治療（Lansdown, 2001）。醫學和心理學理論中所提出之要求權利的理念及進展，已經被進一步批評成忽略在同齡的兒童中可能具有其複雜性及不同水平的能力，而且忽略了個人的能力及理解力（Alderson, 2005），以及他們具有著不同的生活背景（Walderkine, 2004）。Kaltenborn（2001）發現，有關監護和居住方面的爭執，即使是在非常小的嬰兒身上，亦有可能會被認為具有足夠的感情智能來表達合理的意見。這並不是說，所有兒童隨著年齡增長，其能力的框架就應該被排除，而是應該承認其中有更複雜的適用模式和行為能力（參見第七章）。

　　然而，針對有關兒童究竟該擁有多大的權利範圍，才能獲得足夠的保障，免於遭受不同程度的傷害和剝削，這比爭辯該讓兒童擁有多大的自主權來得更加重要。兒童解放論

者，譬如 Holt（1974）和 Farson（1974）一直主張，任何年紀的兒童都需要從成人對他們支配及控制中解放出來。Holt（1974）主張，即使是非常幼小的兒童都應該擁有投票權。這些觀點已經受到那些認為兒童必須得到保障以便脫離做決定的責任感和重擔等概念的挑戰（King, 1987）。他們認為，兒童在基本上是易受傷害又有依賴性的，因此，需要保護兒童使其免於不同形式的傷害和剝削（James & James, 2004）。這兩種極端的立場都可能會受到挑戰，但其差異則是在他們所強調之幼年時期的概念和兒童權的觀點，因此有助於了解其複雜性：「如何確認兒童的權利、當權利彼此之間發生牴觸時如何能保持平衡，以及如何調解兒童和成人之間的權利。」（Fortin, 2003: 3）

就權力本身的效率而言，針對弱勢或易受傷族群（包括兒童）的賦權（empowering）也一直存有不同的主張。有人主張權利僅是抽象的法律原則罷了，完全沒有考慮到人們之間的道德觀和愛心的關係（Tronto, 1993; Heckman, 1995, cited in Roche, 2001）。針對權力本位觀點更進一步的評論，在於權利為一種可賦予之特殊的法律架構。正如 James 和 James（2004: 201）所指出的，在探討 Elizabeth Butler-Sloss 女士的論點時，兒童和他（她）的父親之間係具有親屬關係的權利，縱使他（她）不想要擁有這種關係：「這種兒童權利觀念的特殊架構已經產生一種效應，並將兒童探視其父親的權利轉換成一種責任，或甚至是一種義務，因為上述的概念無法賦予兒童相同權利，因而欠缺上述的聯繫概念。」（James

& James, 2004: 201）

　　這些不斷出現的辯論，透過不同領域的立法和法律施行方式，而充分反映在英國境內、其他大英國協國家，和全球各地眾多兒童的生活領域中，像是健康、規劃、社會福利工作和教育等。在下一個部分，我們將探討一些錯綜複雜的案例，以及一系列有關不同情境中，施行兒童保護權和參與權方面的牴觸情況。

1989 年制定的《聯合國兒童權利公約》

　　1989 年聯合國正式通過《聯合國兒童權利公約》（UN-CRC），這項公約企圖改善全世界兒童的生活狀況及經歷。其目標在於防止兒童遭受到極大的痛苦和剝削，同時也要改善更多兒童日常的生活面（Alderson, 2005）。在該公約之 54 條的條款中，開啟了一系列範圍更大的權利，主張全世界的兒童皆應享有這些權利，這些權利的範圍包括從生存權到遊戲權。雖然它們尚未被大英國協國家的法律所採納，除了索馬利亞和美國以外，全世界其他國家最近皆已經批准《聯合國兒童權利公約》。所以，《聯合國兒童權利公約》對於促進全球兒童權利方面可說有潛在的影響力（Burr, 2004）。

　　《聯合國兒童權利公約》界定了三項權利：保護權、給養權（provision rights），和有史以來第一次擁有的參與權（Alderson, 2005; Franklin, 2001; Burr, 2004）。這些參與權包含了兒童參與足以影響他們權益的決定權（條款 12）、自由表達的權利（條款 13），及思想、善惡觀和宗教自由的權利

（條款 14）。雖然這些權利能提升對於兒童在他們生活上各方面參與權利的認知，不過對於有效行使這些權利的維護上仍受到各種因素的限制。

首先，對於參與的方式欠缺明確的定義，以及如何與諮商、干涉和公民權等做出區分，並沒有明確的規範（Willow et al., 2004）。第二，對於如何才能有效參與並沒有明確的闡述（Crimmens & West, 2004）。目前已經有人開發出各式各樣的模型和圖表，以便分析有關兒童可能參與足以影響他們權益的各種決策，和其中可能使用的過程等（Crimmens & West, 2004）。這些模式能以各種方式反映出介於僅是詢問兒童對某件事的看法，及兒童實際上自行想出決策等方法間的根本差異（Alderson, 2005; Willow et al., 2004）。從不同的參與過程中，可以反映出將兒童當作過程中的「客體」和「主體」之間的差異（Willow et al., 2004），以及存在於將兒童當作需要被加以保護的對象，而非擔任自己生活上的代理人之間的差異。

第三，在《聯合國兒童權利公約》規範下行使參與權並非絕對的。關於條款 12，其係全視兒童的「年齡大小與成熟程度」的多寡而定；關於條款 14，它必須與「兒童的發育能力」相一致（UN, 1989）。因此，當兒童在行使其參與權時，他（她）的能力水平是必須考量的要素之一。如何評定其能力水平、由誰來負責評定等問題，到現在都還是未知數，但如同我們在後面的討論篇幅中所建議的，實際上，它必須是由許多不同群組的成人來評定，而非由兒童自己來評定。

第四，正如我們所理解的，在《聯合國兒童權利公約》的規範下，當保護權受到牴觸時，參與權也會明顯地傾向被主動否決。例如：有關從六歲到十六歲在越南街頭廝混的兒童，Burr（2002, 2004）發現，在《聯合國兒童權利公約》規範下，由援助機構所運作之推動保護權及教育權的特殊觀點，會傾向於出現如同某些兒童所說的，他們想要的和自己所定義的需求並不一致。有些兒童將工作的需求視為最重要的，這樣才能讓他們賺到錢，如此，他們才不會被強迫回到農村過原先的貧苦生活。由於從小就外出工作，他們也有能力提供經濟援助給無法扶養他們的家裡。有些援助機構為了保護這些兒童免於被剝削，因此將他們送到由更多成人主導的環境，並要求他們接受正式的日間教育。這樣一來，援助機構便疏於傾聽兒童們的心聲，無法了解他們的生活情境，同時也無法信任兒童自己決定去工作，並且跟他們的家人一樣融入城市社區生活中（Burr, 2002, 2004）。同樣在瓜地馬拉，他們發現依據《聯合國兒童權利公約》的規範所啟動的權利，對於在街頭上工作之兒童的日常生活僅有很少的關聯性而已（Snodgrass Goday, 1999）。Burr（2004）主張，《聯合國兒童權利公約》的權利是建立在西方幼年時期觀點的基礎上，其將幼年時期視為如同田園風光般的美好生活。她主張南方和東方國家的兒童被更富裕的西方國家認為是需要加以援救的這項假設，主要是因為他們未清楚認知在不同的社會、政治及經濟情境下的兒童會有不同的需求。此外，他們的需求究竟為何，例如他們在街頭工作所賺取的收入，和由

《聯合國兒童權利公約》所推動之保護、教育、家庭生活等
的權利概念相互牴觸，甚至當兒童已經自行表達出他們有權
出去工作的看法時，《聯合國兒童權利公約》仍將主宰一
切。Ennew（1995, 引自 Snodgrass Godoy, 1999: 437）指出，有
關在瓜地馬拉街頭上工作的兒童，《聯合國兒童權利公約》
將它視為西方國家現代幼年時期的出發點，他們早已先透過
殖民政策而達到全球化，然後再透過帝國主義式的援助。而
不是如同《聯合國兒童權利公約》所要加以維護之兒童個人
得以參與足以影響他們權益之重大決策的參與權，這些案例
顯示，若試圖要強制推動《聯合國兒童權利公約》所倡導的
權利時，將會導致兒童的參與權反而被否決。

1989 及 2004 年制定的《兒童法案》

　　由《聯合國兒童權利公約》所規範之《1989 年兒童法
案》的條例內容，顯示出兒童從被動地接受成年人的照料和
管控，轉移到他們是被視為父母對其具有扶養責任的個體。
也清楚認知，藉由考量兒童的期望及感受，他們將有權聽到
足以影響到他們權益的相關決策（James & James, 1999）。

　　然而，受到爭論的是，就其理論和實際上的實施方式而
論，於1989年制定的《兒童法案》局限於其對兒童參與權的
支持（Thomas, 2004; Fortin, 2003）。第一，針對兒童的期望
及感受，唯有在法院受理有關他們照料問題的裁定時，才有
可能被加以考慮（第 1[3][a]節）。儘管當地的主管機構仍有
一些限制條件，在法院的訴訟程序之外，來考量兒童的期望

及感受。例如,關於在他們照料之下的兒童(第22節),並沒有一項通用的法規(正如蘇格蘭法律中所規定的那樣),對於「當父母們在做任何足以影響兒童權益的重大決策時,應同時考慮兒童的看法」(Children [Scotland] Act 1996, section 6[1])。

第二,雖然兒童的福利是最重要的,然而福利的觀點是就保護及防衛的觀點而論,並非就權益或積極推動參與權方面來看(Lansdown, 2001)。所以,當法院依據第 1(3)(a)節的規範:「有責任考慮到……兒童的期望及感受是需要加以關切的」,法院只需要對他們表示關切,而非積極考慮或依照他們的要求行事。關於聯絡及住所的決議方面,如果家長已經同意對兒童做妥善安排,儘管父母的意見與兒童的看法不同,兒童的感受根本不需要加以考慮(James & James, 2004; Monk, 2004)。再者,任何針對兒童的期望及感受的權衡,將取決於他們的年紀及理解能力;換言之,在於他們的能力水平(Monk, 2004)。

最近所制定之《2004 年兒童法案》主要乃是涉及到兒童的保護(Lumsden,本書)。它看起來並未積極推動兒童的參與權。針對「在功能上可促進對兒童的觀點及興趣產生認知」(第 2 [2]節)之兒童管理委員(Children's Commissioner)的設立仍有爭論(第1節),或可將它視為邁向促進兒童參與權的一大步。然而,在《1989 年兒童法案》中,對於任何兒童表達意見的看法,並沒有任何規定必須積極考慮或依其行事的要求。因此,當 Hunter(2004)和 Goldthorpe

（2004）指出：一般而言，管理委員積極推動兒童權利的能力，看起來希望並不大，若是拿來和其他大英國協的國家相較的話，此角色在推動及保障兒童個別權利方面的權力已然被剝奪，而且在促進權益方面也是屬於弱勢的角色。

當地的主管機構必須擴大權利範圍，以便涵蓋兒童的期望及感受（第53節），這亦可被視為在兒童的參與權方面往前邁進一步。然而，在《2004年兒童法案》的規範下，針對兒童任何期望及感受方面的權衡，也再次取決於他們的年紀、理解程度及能力水平（第 53 [1] [b]及[3] [b]節）。所以，在這兩項法案之間，儘管有二十五年的隔閡，但在有關兒童生活足以影響其權益決策方面的認知上，並沒有重大的差異。

能力

對於如何判斷一個兒童的能力水平（level of competence），在何種情況下才能導致讓兒童得以對其生活做出有效的決定，以及何種情況下才能否決兒童的決定，在法律觀念中仍有不少混淆。很清楚的是，在法律術語中，能力與年齡之間並沒有直接的關係。例如，年齡介於十六歲到十八歲之間的兒童，被認為具有足夠能力來做出有關性行為及輟學的決定，卻不被認為具有投票權，及在未能獲得父母贊同的情況下即可結婚的行為能力。在英國法律中，十歲及十歲以上的兒童已經負有刑事的責任；在 1998 年《刑法修正案》（Criminal Justice Act）的規範下，此年齡也是違反社會行為

秩序法的處罰對象，但直到滿十二歲以後，他們才會被認為擁有購買寵物的權利（Fortin, 2003）。

吉爾利克對西諾福克及衛斯貝克衛生局（Gillick v West Norfolk and Wisbech Area Health Authority）的判例被視為是一項有關於年輕人權利的里程碑，同時也建立一個概念，即能力並非絕對與年齡有關。其所建立的原則為，如果十六歲以下的年輕人被認為具有足夠的能力，在未獲得父母同意或知悉的情況下，即可自行同意接受醫療手術（BMA, 2001: 34）。然而，它並未闡明該如何對能力進行評估，而且對能力水平的判定也掌握在成人手中，這次則是掌握在開業醫生手中。再者，幾年之後，上訴法院則藉由兩件上訴案的裁決澄清一些混淆的案件（Re: R & Re: W, cited in BMA, 2001: 35），法院影響了青少年拒絕救生處理的決定，甚至當其還被視為是「有行為能力的吉爾利克」（Gillick Competent）。兒童的決策能力似乎可以被否決，全視其參與決策的嚴重性而定。

2004 年 7 月，政府推行一項新的醫療政策，是關於年輕人有權針對其性方面加以保密的權利，這是史上頭一回年輕人在不須告知父母的情況下，即有權可以同意墮胎（DOH, 2004）。已有許多媒體在批評這項政策，特別是關於墮胎的部分。愛摩兒太太有兩個青少年期的女兒，她最近被獲准可擁有一項司法審核權，身為母親的她並不同意醫院不依照慣例向她諮詢有關墮胎的問題（Powell, 2004）。試想如果有任何政策能被賦予權力得以評估能力的話，想必會很有趣。同時我們也很希望能看到，法院同意維護年輕人有權做出關於

自身的重大議題，譬如墮胎，或他們是否有權獲得保護，而且他們的父母也有被告知的權利，這才是更加重要的。

有趣的是，我們注意到，政府對於兒童權利的支持至少包括他們在健康與身體方面的決定權，比起讓他們擁有對教育方面之決定權的支持顯然有些不足。正如 Fortin（2003: 161）所陳述的：「當前教育法律的條例顯示，其對成熟兒童有能力對其學校生活負責，或讓他（她）在教育方面有權做出重要決策的支持並不多。」

兒童並無權力要求想要脫離學校教育，只有他們的父母才有權力這樣做。如果兒童未能接受適當的教育，則其父母將會被罰款和羈押，兒童本身不能做出脫離正規教育的決定。

對於參與決策所須具備能力水平的這種混淆，在法院內也可以被視為有關居住權方面的事項。有一位家長被要求為家庭暴力案件做出辯解的案例中，法院方面尋求兩位著名精神科醫生針對年齡多大的兒童意見才需要被列入考慮提出建議。Sturge 和 Glazer（2000: 620）的建議是：

> 年齡愈大的兒童愈需要認真審視「他們的看法」，而對兒童來說，若是被人忽略的話，他們愈會感到受辱和丟臉。依照一項概略的規則，我們會發現，所有年齡層的兒童都需要被納入考慮的對象，十歲以上的係具有相當的權重，六到十歲的則被視為中間階段，而六歲以下的（假定為正常發育的話），不論是用哪一種方式，經常是難以區分主要負責照顧者多方面的期望。

　　然而，從下列研究看來，法院或相關的專業人士並不會循例探求兒童的看法，而當他們在探求意見時，法院依然不會積極地審理。

　　May 和 Smart（2004）研討關於三個地方法院針對有關尋求兒童對聯絡和居所的看法的訴訟案件。在他們審議的半數案件中，有一位兒童與家事法庭諮詢及支持服務處（Children and Family Court Advisory and Support Service, CAFCASS）的官員或一位社工人員，被要求準備一份內容不但要包含兒童的期望和感受，也應包含關於兒童各種福利建議決策之影響層面的福利報告。May 和 Smart（2004）發現，其中只有一半的案例，也就是在他們所有的樣本當中，只有四分之一的案件真正諮詢過兒童的意見。他們發現，在那些曾經被諮詢過的兒童當中，超過七歲兒童的觀點比較會被認真地採納，特別是他們是否能針對父母所爭執的要點，「依照自己的意願進行投票」。May 與 Smart 特別關切被當作爭議對象的幼兒，當他們愈能表達出明確見解時，他們的見解愈容易被忽略，特別是如果他們的見解和兒童與家事法庭諮詢及支持服務處（CAFCASS）的官員並不一致時，其觀點在訴訟程序中經常會被否決。

　　James 和 James（2004）認為，來自兒童與家事法庭諮詢及支持服務處（CAFCASS）的兒童福利專家在家事訴訟程序中，如何能代表兒童向法庭闡述兒童的看法。這些案件包括私人的法律案件，例如，聯絡和住居事宜，以及地方當局尋求法庭的命令，以便保護兒童免於傷害自己身體的公眾法

律案件。他們發現，專家自己對於幼年時期的理解和解釋，影響了他們該如何調適源自內心希望保護兒童，並免於必須做出未來照顧兒童選擇責任的緊張情況；反過來，他們必須確保能充分傳達他們的期望讓法院可以接受。通常，如果不能與專家的觀點一致的話，更多保護主義者、福利的觀點即會主導一切，兒童的發言權亦會被過濾和忽視（James & James, 2004）。

上述的研究個案顯示出，在《1989 年兒童法案》的規範下，家庭事件的訴訟案「比較可能是以有條件和高度浪漫化的想法來維護家庭生活的領域，而不是提供一個空間可以傾聽和回應兒童真正的聲音」（Monk, 2004: 166）。

總結

關於兒童參與權的概念，包括行使範疇為何以及效力如何，或者應該如何行使等，對那些從事兒童工作並且關切兒童福利的人來說，是當前須持續關切的重要事項。事實上，權衡兒童的保護權與參與權，對所有從事兒童相關工作的人來說的確是困難的。促進兒童的參與權利，並非意味著要提倡應該讓兒童自己做出決定，不管他們的年齡或能力水平為何。然而，很顯然，兒童不能有效地參與許多會影響他們生活的重要決定。幼兒時期架構所支配的影響力，以及隨後所盛行關於發展的理論，皆有可能會妨礙我們理解兒童個人的需求和能力水平，並可能導致他（她）被視為團體中和大家相同的一員，而非個別和獨特的個人。如上述章節中所探討

的，在英國的法院內，以及在《聯合國兒童權利公約》轄下援助團體中工作的人來說，這可被視為得以做出聯絡和住居的決定。

　　對我們大家來說，承認和促進兒童的參與權，可說是一項困難的挑戰，因為大人過去一向都擁有不少權力來掌控兒童（Lansdown, 2001）。那些年幼就必須工作的幼兒所面對的情況尤其困難，因為當兒童年齡愈小，愈傾向於被視為沒有能力，且不能夠讓他（她）為自己的參與權發言。然而，各種有利於促進兒童參與權的方法被充分運用時，各式各樣的托兒所和地區規劃委員會部門（Local Council Planning Departments）則是以獎勵和大量暗示的方式來推動未來的工作（參見 Willow 等，2004 年各種提議權的實用觀點）。

　　我們都有責任了解兒童在生活所有領域中主動參與權的重要性，不僅因為這是他們的權利，而且亦可增進兒童的自尊和自信心（Thomas, 2001）。除非我們和那些足以影響兒童生活的公共團體、代理機構及組織，能夠主動挑戰我們本身對於兒童既有的價值觀和信念，否則讓兒童有效地參與終將難以實現。

問題回應與討論

一、為什麼難以定義兒童的權利？

二、在《聯合國兒童權利公約》的推動下，兒童的權利概念是否已被普遍地應用？

三、以權利為本的方法是否有助於改善兒童的生活？

四、如何評估幼兒的能力？

五、如何讓幼兒主動投入探討他們的需求？

推薦閱讀

BMA, (2001) *Consent, Rights and Choices in Health Care for Children and Young People*. London: BMJ Books.

Fortin, J. (2003) *Children's Rights and the Developing Law*. London: Butterworth.

Franklin, J. (2003) *The New Handbook of Children's Rights: Comparative Policy and Practice*. London: Routledge.

United Nations (1989) *The United Nations Convention on the Rights of the Child*. New York: United Nations.

網路資源

www.jrf.org.uk (Joseph Rowntree 基金會)

www.article12.com (條款 12)

www.crae.org.uk (Children's Rights Alliance for England)

第2章

保護兒童

Celia Doyle

　　本章介紹一些重要概念，可協助幼兒工作者去保護那些可能會被虐待和遺棄的兒童。本章特別要強調的是，兒童遭到照顧者（特別是他們的父母親）虐待。請注意，你在本章中讀到的一些資料有可能會讓你情緒不安。

本章的目標是要協助幼兒工作者能夠充分了解兒童保護之重要領域，使他們能辨認出各種形式的虐待。此外，針對辨認障礙的鑑識是本章的核心概念。焦點在於辨識而非政策和常規。對所有從事兒童相關事物的人，重要的是，在取得他們被要求去調查他們所懷疑的事項，或找到受虐兒的相關資訊（Calder & Hackett, 2003）。他們必須明白和他們的專業、職務及地區相關的法定程序。然而，如果工作者無法辨識出正在發生的虐待事件時，則這些法定程序便無法執行。

最近這幾年發生的維多利亞（Victoria Climbé）案件（Laming, 2003），她遭到主要監護人她的姨媽和姨媽的男朋友鞭打。他們用皮鞋、足球鞋、腳踏車鏈、鐵鎚、掛外套的大衣架和一把木製湯匙鞭打她。除了一個黑色的大塑膠袋，她還裸身浸泡在裝滿自己的尿液和排泄物的浴缸裡，已經有一段很長的時間，最後被她姨媽及姨媽的男朋友謀害了。驗屍的結果發現她身上有嚴重的燒傷和多達一百二十八處傷口。這件虐待案並不是一夜之間突然發生的。她所承受的痛苦已有一段很長的時間，在這段期間內，也有一些工作人員曾經探視過她，包括醫院的員工和社工人員。所有人竟然都沒有辨識出虐待的跡象。

無數的群眾查究有關兒童死亡的訊息，顯示對虐待的辨識絕對是義不容辭的（Reder, Duncan, & Gray, 1993）。然而，對於促成某些虐待案件之原動力的相關知識，將可協助精確地辨識及正確地執行相關程序。

何謂虐待？

　　企圖介入調查虐待案件的人士所面對的複雜情況之一是，有許多觀念皆是由「社會建構的」（Hallet, 1995）。這表示不同的文化對行為的看法差異頗大。舉例來說，從前有很多公民認為，奴隸制度是十分自然和「正常」的；反之，在現代社會中，多數人皆認為奴隸制度是不能接受的。同樣地，某些對待兒童的行為類型，例如，詆毀和痛毆他們的行為，在某些文化中似乎會被譴責；然而，其他教養觀念中，像是「不打不成器」、「大人說話小孩別插嘴」，則是形成兒童養成教育的基礎。因此，很難對「虐待」下一個明確的定義。然而，兒童虐待主要的定義特徵是，至少有一個以上的他人，通常是父母，對兒童濫用其權力。因此：

- 身體虐待（physical abuse）即是對兒童身體權的一種虐待方式，此種行為會造成兒童身體及精神上的傷害。
- 遺棄（neglect）即是未能行使、或是以錯誤方式來使用身體權和資源權，此種行為會給兒童帶來各種傷害，包括身體、社會、發展和精神上的傷害。
- 性侵害（sexual abuse），有時是身體的虐待，但比較常出現以高高在上的專家權力（較高的知識），並用強制的手段對兒童施以性行為。
- 精神虐待（emotional abuse）是以一系列的權力之濫用逐漸損害和破壞兒童自我價值。

◎ 認知其差異性

　　受虐兒會來自各種不同的背景，包括各個種族、宗教和文化。他們的家庭結構各不相同，包括有幾世代的家人都生活在一起，或單親家庭。兒童和他們的父母也會有不同水平的行為能力和無行為能力。

　　我們需了解此種差異性，但它也會提高介入調查時的複雜性，因為工作者必須避免去譴責成效未必比主流方式差的不同的兒童照顧方式，同時又要讓兒童不會受到父母親的傷害，這兩者是不同的且是被濫用的。

◎ 虐待會在何處發生？

　　雖然在私底下兒童受到虐待的風險較大，但虐待事件可能會發生在任何私底下及公眾場合中。這意味著，虐待經常發生在相當孤立的地方、私人家庭和機構中。沒有特定哪一種家庭或住家類型是經常會發生或永遠不會發生虐待事件的。然而，有四種群組的因素顯示出其會增高兒童的風險，分別是：非例外、混亂、僵硬和偏差的情境，這四種情境並非彼此互斥的（即一種情境發生，另一種便不會發生）。今概述如下。

非例外的情境

　　這是一個可以正常滿足兒童需求的環境。遺憾的是，有一些危機和壓力顯示，監護人或父母已經不再能應付。有時

候，家庭中的其他小孩仍可以持續受到良好的照顧，但就像灰姑娘，唯獨有一個小孩特別會受到虐待。而在有些案例中，則是所有的小孩都會受到影響。

案例

一位扶養了幾個小孩的母親在新生兒誕生以後，患了嚴重的產後憂鬱症，其他成人像是她老公和醫生都未能注意到這個問題。因此，小孩子就成了被遺棄的對象。

混亂的情境

這通常沒有明顯的界限。對孩子身體和精神上的照顧是毫無規律的。同樣地，大人對於相同行為的紀律要求並不一致，有時候是可以被容忍，而有的時候則會被嚴格處分，全視父母的心情而定。孩子經常被迫扮演成人的角色，包括照顧父母親或當成其性伴侶。缺乏適當的界限和警戒性，意味著孩子容易暴露在性犯罪者侵害行為的風險中。

案例

六歲的珍妮與她的母親、三歲的妹妹和十八個月大的弟弟住在一起。雖然母親有一個固定的男友，但很明顯的是沒有爸爸在幫忙照顧他們。當母親出去社交時，珍妮通常被迫要負責照顧其他小孩。珍妮常因犯錯被痛打一頓，像是當她做肉汁時手腳太笨拙、因為太勞累而無法熨完一大堆衣服，或是當她放學後要回家時，卻弄丟了她的鑰匙。

僵硬的情境

　　照顧兒童的方式是負面、僵硬與懲罰性的。他們的父母認為，他們必須隨時都能掌控小孩，而且擔心一旦他們沒有掌握所有的權力，情況即會因此而「失控」，有一股恐懼的暗流存在。父母擔心若對小孩「妥協」將會導致混亂狀態；而孩子們則擔心一旦稍有閃失，即會招致父母非常憤怒的重罰。嬰兒大都習慣接受嚴謹的規範，但最困難的情況大都出現在他們開始學步的時候，父母無法容忍孩子造成的混亂、挑釁與發脾氣。然而，這些都是學步兒天生的好奇心，及與日俱增的獨立性無可避免的一部分。

案例

　　從嬰兒時期開始，七歲的曼蒂與十四歲的哥哥都受到父親嚴厲的管教。出門時，他們必須乖乖坐著好幾個小時，絲毫不敢亂動、說話、吃、喝或上廁所。大部分人都無法辨識出他們被虐待的跡象，甚至還轉而恭喜他們的父母，教出如此聽話的小孩。

偏差的情境

　　有時類似上述的情境之一，在這裡指的是家庭系統中包含一至二人嚴重受創或濫用其力量，然而卻善於剝削和操控。這也包括對醫院和醫療的「成癮」者，只是他們治療的不是他們自己，而是他們的小孩。

案例

　　許多成為頭條新聞的極端案例，包括衛斯特夫婦（Fred West and Rose West，譯註：這對血腥的英國夫婦曾折磨殺害了十多名女孩）（Gloucestershire Area Child Protection Committee, 1995）以及先前提到的維多利亞案件（Laming, 2003）。

理解和辨識身體虐待與遺棄

　　這裡我們並非要詳細列出所有虐待的診斷特徵。即使是經驗豐富的小兒科醫生與其他醫學專科醫師，在精密 X 光儀器和其他醫療器材的協助下，有很多傷痕是難以斷定其受傷的原因。然而，有些身體虐待和遺棄的跡象會令人提出質疑。

　　最明顯的跡象是嬰兒皮膚上的瘀青和傷痕。還不會翻身或走動的嬰兒很少會出現瘀青現象，若出現瘀青，照顧者應提出受傷狀況的檢驗單。出現在小嬰兒身體上的指尖瘀青，可能代表照顧者情緒失控，並用力招兒童。

　　若是在幼童身上觀察到受傷情況時，應該詢問他們是如何受傷的，以及是否曾接受醫療人員的照護。一個未受過專業訓練的人，可能會把香菸灼傷誤認為是皮膚病，譬如小膿皰疹。孩童必須經過醫生檢驗，才能斷定究竟是小膿皰疹還是灼傷。反之，我們經常可以在非裔、亞裔或中東血統的小孩身上看到天生就有的胎記。

　　儘管有醫學或基因的因素會導致成長遲緩的現象，疏於照顧的小孩其精神或身體也許會出現生長遲緩的現象。當所有醫學狀況皆被排除後，即必須診斷是否屬於是「非器質性

成長遲緩」。我們可以確認,在缺乏醫療的情況下,從成長曲線圖可以看出,孩童增加的體重是否是在醫院受到照顧時獲得的,然而在回家後體重卻跟著下降了。

◎ 理解和辨識性侵害

根據 Finkelhor(1984)的研究,發生性侵害事件之順序如下:

- 某人想要性侵害幼童。
- 某人找到方法可以克服內心的約束(他們的良知)。
- 某人找到方法可以克服外在的約束(例如,可提供保護的父母、朋友)。
- 某人找到方法可以克服受害兒童的反抗行為(可能是受到虐待的小孩年齡太小,無法做有效的反抗)。

猥褻幼童的人對兒童的性偏好完全與性向無關(例如,同性戀或異性戀)。若成年男性或女性只會被其他異性吸引的話,則兒童受到性侵害的風險將會降低。然而,有些人只會對孩童產生性幻想,如此一來,性侵害的風險就很高,而犯罪者通常是典型的「戀童癖者」。最後,有些成人在性方面並不會區別成人或兒童,這些成人會引起相當程度的風險,但卻不會輕易被視為性犯罪者,特別是如果他們有成年的伴侶時。

兒童可能會跟其他兒童發生性行為。當其中一個兒童在年齡、知識、體力或其他方面比另一個孩子更加強勢時,即

有可能會演變成虐待行為。

接下來對犯罪者的剖析主要依據成年男性性犯罪者的研究。女性與青少年的性行為和侵害行為有異於成年男性。除此之外，我們相信，女性與青少年性罪犯亦具有下列共通的特性。

性犯罪者只注意自己的需求，完全從自己的角度來看事情。不過，他們有時候也會學習說「對」的事。他們身邊可能有家人和朋友陪伴，但這些關係都是表面上的，犯罪者經常利用這種關係來博取信任或吸引其他人。很多犯罪者甚至還有很好的社交技巧，並表現出迷人和值得信賴的假象。他們經常標榜著具有社會名望的稱號，以便鬆懈照顧者的心防。然而，有些犯罪者則是「孤獨者」，而且很明顯地，他們很難跟正常的成人建立關係；不過相反地，他們善於和小孩相處。他們知道如何吸引小孩，如何讓他們鬆懈心防，並能投小孩所好地陪他們玩耍。

性犯罪者的犯罪念頭並非是一時興起或一次就滿足的，他們的侵犯行為都是事先規劃好的。收集兒童的色情照片不是一項無害的消遣，它經常是犯罪計畫過程的一部分。他們會鎖定某一個兒童或某一群兒童作為對象。有不少犯罪者喜愛某一特定性別或類型的兒童，但對在這些特定範圍以外的其他兒童仍會構成威脅。一旦選定受害對象，他們會「訓練」（groom）兒童。有些犯罪者會採用暴力或威脅的方式，但大部分都會以耐心、溫柔的手段說服兒童信任他們，讓孩童最終成為一個「願意付出」的受害者。在進行侵犯的

時候，他們會將兒童視為能滿足他們需求的對象，有時他們會遮蓋住兒童的臉，以免聯想到該受害者的個性。事後，他們會再次「訓練」兒童，用威脅或勸服的方式阻止兒童告知別人這件事。

性犯罪者會以扭曲的態度來看待兒童。他們相信，即使很小的幼童也會享受性行為，而且隨時都想引誘成人。例如，他們會將一個穿著內衣或緊身衣的兒童視為一種「挑逗行為」，以及想要發生性行為的人。他們將兒童當作是要讓成人滿足性慾而設計的物件。社會大眾通常會擁護這種見解，例如，我們常將兒童物件化，並且經常用「它」來稱呼兒童。

當必須為他們的犯行進行辯護時，性侵害者總是一語不發，製造藉口（「我喝醉了」），或設法引起別人同情（「請可憐我的處境」）。有些則展現出威脅性，不斷提出正式的抗議以便反對調查，或利用性別歧視和種族主義者影射來抹黑相關的工作者。最後，對兒童性侵害的性犯罪行為根本是無法「治癒」的，這種行為只能想辦法加以控制，而且是很難控制的。

理解和辨識精神虐待

精神虐待通常難以定義，但它有兩個重要的觀點。首先，精神虐待包含犯罪的行為（例如，用言語辱罵），還有疏忽的行為（例如，拒絕讚美或鼓勵兒童）。其次，則是權力的濫用。父母與負責照顧他的人利用他們的權力主動虐待兒童，或不行使他們的權力，因此導致忽略兒童精神上的需

求。這可從下列精神虐待行為項目中獲得相關例證：

引發恐懼：例如，抓住兒童作為人質，用刀抵住他（她）的喉嚨，或是不斷讓兒童被許多「陌生的」照顧者來看顧，讓兒童產生不安全感。

折磨：包括假裝要弄壞兒童最喜歡的玩具，或者威脅要殺死兒童的寵物。

貶低：這可以是故意羞辱，在其他人面前故意讓兒童丟臉，或抹黑、用言語辱罵。

墮落：包括利用兒童攜帶毒品，或逼他們爬過小窗口去竊取財物。墮落也包括塑造破壞力，例如，有暴力傾向的父親鼓勵他兒子以嘲弄的方式對待所有的女人，甚至動手毆打他的姊妹們和母親。

排斥：排斥可以是積極的，例如，直接告訴孩子她是多餘的，或藉由不給予情感溫暖、讚美或擁抱等方式消極排斥孩童。與此種虐待有密切關係的是忽略行為，拒絕給予兒童任何照顧。

隔離：可能是透過將兒童鎖在房間或櫥櫃裡很長一段時間；也有可能包括阻止兒童從事社交活動，或交任何朋友。

不適當的角色：包括讓他成為所有家人不幸的代罪羔羊，被用來當作對抗父母親中另一方或官方機構的武器。這也意味被過度保護，或是被弱化（infantilized）般對待，或是被迫承擔過多的責任。

精神虐待可能會發生在家庭以外的地方，譬如在學校內遭人欺負，或受到種族歧視主義者之鄰居的嘲弄。它也會出

現在各種不同類型的家庭中，不論種族、成員多寡、社會階級或結構為何。然而，生活在那些家庭中的兒童，已經發現有一些壓力源比較有可能是來自精神虐待（Doyle, 1997）。

◎ 理解和辨識兒童對虐待的反應

在兒童保護工作中遇到的其中一種矛盾現象為，與其嘗試逃離虐待，即使是非常年幼的兒童也會隱藏受虐的跡象、拒絕透露，或是表露出對虐待他們的人有高度的依附感。這可藉由幼童為了確保生存，因而對照顧者發展出自然情感的愛與依附感來做部分解釋（Bowlby, 1969）。然而，這仍然無法完全解釋在發生虐待事件時，這種情感為何還會持續存在。雖然如此，我們明白，如果考慮到創傷和虐待的衝擊，心理治療係可協助人們應付創傷。

斯德哥爾摩症候群（Stockholm syndrome）是一種和虐待兒童有關之保護程序的辨識類型。此症候群首次被定義是在一次斯德哥摩爾的銀行員工被挾持作為人質的事件，並且已經發現此症候群常見諸於人質、綁架、集中營、家庭暴力和其他虐待情況。受害者會親身體驗數個階段，然而，隨著悲傷歷程，這些階段並非每個人都會經歷，也無法清楚定義其順序。

凍結驚恐：當面臨可能無法脫逃或無法抵抗的恐怖情境時，人們會「嚇呆」（freeze）。這會產生一種屈從性，使受害者所有的精力全都集中在虐待者身上，這種屈從性是有用處的，因為這可將精力保存一段時間，當有逃跑或反擊的

可能性時，即有可能擊敗侵犯者。

　　否認：一開始的凍結驚恐被非真實性的感覺所取代，「這不會發生在我身上」。這是有利的暫時狀態，有助於防範人們受制於恐怖的情境。但是，對某些遭受虐待的受害者來說，這可能演變成會根深柢固地否認曾發生過之事件的嚴重性和傷痛。

　　恐懼和憤怒：一旦發現真實的情況，受害者會感到恐懼和憤怒。但是，對施虐者表達這些情感太危險了，因此受害者經常會將它投射在「外人」身上。受害者相信，如果施虐者基本上是個好人，並會照顧他們的話，他們便很有可能存活下來，因此他們會從施虐者身上找出良善的跡象，並會感激任何善意的小惠。

　　沮喪：受害者也會將他們的憤怒轉移到自己身上，因而導致沮喪和自我貶低。他們會感到無用、無價值和無力。說服自己，施虐者是好人，他們開始相信他們被虐待是理所當然的，因為他們不乖。

　　心理反差：絕望與接受的過程有可能會因心理反差而加速，因而大大減弱了受害人的信心，讓他們更加順從，這是大家所熟知的審訊和拷問形式。一個人扮演「好人」，另一個人則扮演「壞人」；不然就是其中一人表現出親切的態度，然後突然變得具有威脅性和侵略性。在施虐的家庭中，父母之中一方可能是殘酷無情的，然而，另一方卻嘗試以親切的態度來加以補償；或是，父母中的一方在施虐後感到罪惡，因此對受害者特別親切，直到下一次虐待事件發生。

接受：最後，遭到虐待的受害者進入接受的狀態。他們不再質疑他們的遭遇究竟是對的或錯的。兒童也會顯現出「適應良好」，且他們的行為是安靜和順從的。他們會毫不質疑地接受價值觀、辯解和施加在他們身上的虐待行為。

辨識虐待及辨識上的障礙

一個兒童的外觀、行為、發育和表達內容等方面，皆有可能在暗示其遭受虐待。然而，辨識虐待並不容易，在最後一部分則是有關辨識虐待時之障礙的總結報告。

外觀

這包括解釋起來前後矛盾或是與一般受傷情況不符的受傷事件。如果兒童很瘦弱，或是比大多數家庭或附近區域的孩童穿得更簡陋或更髒的話，愈有可能被疏忽。穿太多衣服或穿得太寬鬆的衣服可以掩飾消瘦或受傷的身體。精神虐待有可能發生在看起來很乾淨和聰明的小孩身上，特別是如果他（她）很害怕會製造混亂的情況時。最後一點，當兒童顯露出癡呆的反應，或看起來過於焦慮時，我們應該對他表示關懷。

行為

一個小孩出手傷害其他孩童，或是對同伴或玩具做出類似暴力或性侵犯的舉動時，即很有可能是在模仿他們曾經歷過的行為。注意其在行為上的改變，無法專心上課，以及對回家一事感到焦慮等情況，都是值得去探究的，像是做出翻

箱倒櫃或偷竊食物及慰藉的物品等行為。

發育

任何發育遲緩的現象可能是受虐的指標。同樣地，突然退化的現象，像是小孩的語言能力突然退化，或原本聽話的小孩變得無法自制，亦可能是受虐的指標。

表達內容

有些兒童可能會直接、清楚和明確地揭露受虐情況，但有些兒童可能會嘗試藉由詢問奇怪或非常私密的問題，而間接揭露其受虐的情況。孩童有時會利用作詩或寫故事的形式來揭露事情；如果那個孩童曾經受到性侵害，這些詩句或故事可能會明確詳述性行為。當然，幼童很難清楚口述他們的經歷，但兩、三歲大的小孩已經有能力敘述他們受虐的經過。

ⓒ 相關人員的態度

辨識虐待其中一項最大的障礙是專業人員本身。許多專業人員本身無法接受虐待這件事；由於受虐對他們來說實在是太痛苦，因此，他們會忽視施虐的跡象，或想辦法找出更令人寬慰的解釋。他們亦可能會說服自己，父母永遠不會傷害自己的孩子，並認為完全保障兒童的論述是言過其實。而有些專業人員則已經耗盡所有的情緒，他們个再關心兒童，並刻意忽視任何潛在的跡象，因為這會提高他們工作上的困難度和挑戰性。

◎ 跡象辨識的問題

　　為什麼虐待兒童會如此難以辨識，總結幾點結論如下。幼童工作者必須明白以下對辨識的障礙，如此他們才不會任意假設是否存在虐待的情況：

- 外觀、行為和發育問題可能是某些其他苦惱或憂心的象徵。
- 許多傷痕或皮膚色變可能是意外事故、疾病治療或胎記的象徵，而非虐待。
- 有特定傷殘的兒童，非以英語為母語和學齡前的孩童可能沒有足夠的字彙或溝通技巧來清楚表達其遭遇。
- 「幸福」家庭仍可能有施虐者存在。一些專家會採用檢核表因而受到誤導，儘管虐待事件經常會發生在可識別的「風險」環境中，但它仍會發生在任何時間、地點及任何型態的家庭裡。
- 在某些案例中，虐待是「特定受害者的」，因此，看起來似乎是其他孩子的模範照顧者和家長的人，仍有可能會虐待某個特定的受害者。
- 特別是在性侵案件裡，加害者訓練受害者和潛在的保護者，使他們保持沉默，也是不能忽視的。
- 有斯德哥爾摩症候群的現象。兒童即使被父母虐待，看來也可能是深深依附他們的父母。
- 專家們也許會忽略明顯的跡象，因為太痛苦或他們的感情已經耗盡，無法仔細思量兒童可能承受的痛苦。

個案研究

五歲大的柏克有一個八歲大的姊姊思凱，和兩歲大的弟弟戴爾。這三個小孩是同母異父，媽媽盧碧是白人婦女。思凱的父親是黑人，但是當思凱十八個月大時，父親在一場車禍中喪生。我們所知的是，柏克的父親是白人，但從未跟盧碧住在一起過。戴爾的父親也是白人，是盧碧現任的丈夫。

自從一年前柏克開始上學後，他一直是個令人擔心的孩子。在班上，他比其他小孩還要瘦小。盧碧和她的丈夫、思凱、戴爾等人的發育都很好。柏克講話會有困難，他的發育狀況比一般小孩遲緩，而且在班上，他也有注意力無法集中的困擾。他總是穿著破舊的衣服，他也從來沒有把家裡的玩具帶來學校。盧碧解釋說，他總是把玩具弄壞並扯壞衣服，因此不值得再買新的東西給他。

他的腿部、背部和臉上常常出現瘀傷。他的媽媽說他很笨拙，時常鬧小孩子脾氣。學校職員也曾注意到他在學校裡的笨拙狀況，但他跟職員及其他小孩在一起時，卻顯得退縮而不和大家親近。他害怕嘗試新的事物以免愈做愈糟或是犯錯。

當要他畫圖或是談家裡的事情時，他總是說他有多愛他媽媽，沒有一絲害怕。

這是不是一個清楚的受虐案例，或是針對這種種的關注焦點，會有不同的解釋嗎？

你是否需要其他的資訊（如果有的話），以做出較肯定或是不同的判斷呢？

回應

這裡有很多虐待的指標。柏克可能成長停滯、發育遲緩、害怕嘗試任何新的事物，以及因為精神虐待的行為和遺棄而產生退縮的現象。造成他瘀傷和害怕事物的狀況，大致上來看，應該是身體上的虐待。

事實上，他未曾抱怨過有關任何虐待，或似乎會害怕盧碧以及會依附她等這些現象，但並不代表他沒有被虐待的跡象。兒童也許會依附他們的施虐者，並將害怕的對象轉向其他人或其他的狀況。

雖然如此，他身材矮小、笨拙、發育遲緩和沉靜的焦慮，可能都是天生的特徵。我們對他的基因遺傳所知並不多，譬如他父親的體型大小，他的身材矮小也許是遺傳自他的父親。若有辦法取得他父親的資訊，將會有很大的幫助。

儘管瘀青令人可疑，那也可能是因為跌倒或被其他小孩欺負引起的。我們必須找出曾經接觸過柏克的孩童和成人的相關資訊，以便得知除了父母以外，是否可能有其他人會傷害他。同時，也需要排除可能會導致他矮小身材、笨拙或容易瘀青的醫學資料。

有關他弟弟和姊姊的資訊也有幫助。若他們是受到很好的照顧，可能代表只有一個孩子單獨受到虐待。或許母親怨恨柏克的父親，就把這股怨氣投射到小孩身上；也或許是戴爾的父親可能很討厭看到另一個男人所生的兒子。重要的是，應該向警方確定其父母親是否有暴力行為或虐待小孩的前科。

最後的評論

投入幼兒工作的研究者必須平衡介於因反應不足而無法辨識跡象，以及因過度反應而在還有其他解釋的情況下仍做出虐待的假設。我們獲得的知識和了解愈多，也愈容易權衡。

問題回應與討論

一、社會如何建立保護兒童的概念？

二、辨識孩童虐待和遺棄時的最大障礙是什麼？

三、斯德哥爾摩症候群有何象徵性的意義？

四、Laming（2003）的論點對所有從事幼童的研究者有何意涵？

五、多元學問的治療法對保護兒童的條例有何益處？

推薦閱讀

兒童虐待領域的導讀文獻包括：

Corby, B. (2000) *Child Abuse: Towards a Knowledge Base*, 2nd edn. Buckingham: Open University Press.

Doyle, C. (2005) *Working with Abused Children*, 3rd edn. Basingstoke: Palgrave Macmillan.

Wilson, K. and James, A. (eds) (2002) *The Child Protection Handbook*, 2nd edn. Edinburgh: Harcourt Publishers.

第3章

兒童特殊教育所需之融合實踐

Christine Hickman、
Kyffin Jones

　　本章將討論關於幼兒特殊教育所需之融合議題。融合（inclusion）的詞義和哲理將在歷史和立法的背景下來定義及探討，並使用個案研究證明需求的一系列法規。在談論多部門合作模式的重要性時，主要的焦點會著重在教育的前景。

「我真的過得很開心。整夜沒人跟我說話！」

麥克（七歲）

關於幼兒教育的特殊教育需求（Special Educational Needs, SEN），麥克闡明一項基本原則——即他們如何看待這個世界，以及什麼對他們而言是重要的，都具有個別的差異，而且可能與成人們的現實世界不同。麥克是亞斯伯格症候群（Asperger syndrome）的孩子，特徵是社會互動障礙，而且對麥克而言，唯有在同儕完全不會參與的情況下，他才能在當地的青年俱樂部裡度過一個愉快夜晚。這讓他有空間來閱讀喜愛的科學教科書而不會受到干擾。然而，顯然在對麥克的特性缺乏穩固理解的情況下，我們的假設和介入會不夠精確，而且甚至可能是有害的。本章節在強調採取高度個別與敏感回應的需求時，介紹一系列與 SEN 領域相關的主題，其中之一留意的是兒童本身的特性和觀點。雖然本章節可認知到特定的障礙和疾病能與一般策略和實踐相連結，但也鼓勵讀者應更廣泛地研究，而非僅是將其標記和分類，以便使介入最優化。

　　了解不同病症的原理（像是亞斯伯格症候群），確實在某種程度上對從業人員有幫助，但若缺乏對個別觀點的清楚了解，就沒有什麼意義了。如果麥克能擁有完整的機能，而且是社會成員的一員，那麼他的融合在某種程度上仰賴我們去了解他的技巧，正如同他適應我們的技巧。

　　因此，融合不僅是關於在主流學校中受教育的 SEN 學生

議題,也包括所有孩童在社會上扮演的角色。

◎ 立法架構

從大量相關的文獻看來,融合教育運動進入英國的教育領域顯然已經有好幾年了(Booth & Ainscow, 1998; Drifte, 2001; Dyson & Millward, 2000; Jones, 2004; Norwich, 1997; O'Brien, 2001; Roffey, 2001; Wilson, 1998; Wolfendale, 2000)。有些人主張,這可以回溯到 1944 年的《教育法案》,其中將教育權延伸至大部分(但並非全部)的英國兒童。正如同 Stakes 和 Hornby(1997: 24)所強調的:

> SEN 兒童被列入十一種殘障分類之一,包括:眼盲、局部失明、耳聾、弱聽、癲癇症、弱智、適應困難、肢體傷殘、言語障礙、嬌弱和糖尿病。1944 年的法案要求英國各地方教育機構(LEAs)必須調查兒童在他們特殊教育治療領域中的需求。這表示應從各地的主流學校著手進行。

此時,很重要的是,注意殘障被斷然地歸到醫療分類,而且教育遲緩需要的是治療而非教育。隨後的報告,像 1978 年的沃諾克會議(Warnock Committee)便強調結合殘障兒童的原則,並發展獲得特殊教育需求報告書的程序。事實上,學生和教育提供者之間的契約奠基在審慎的評估。Baroness Warnock 女士與其團隊的研究結果有助於隨後在 1981 年所推

動的《教育法案》。

　　在 1980 年代到 1990 年代初期這段期間,具特殊教育需求的兒童教育獲得更多的重視,並在1944年《特殊教育需求實務守則》實行時達到高峰,於2001年更新。在那時,這是英國政府所發布最具指導性的特殊教育需求方針,其目標在於擴充學校和地方教育當局在1981年《教育法案》中所強調的角色和職責。這波重新定義 SEN 規定的趨勢仍在持續,而且在過去十年間已經增長氣勢並有大規模的發展。實務守則(Code of Practice, 2001)強調,「提供者」意指所有幼兒可以參與的環境,因此遵守像在這樣守則中的:幼教行動(Early Years Action)與幼教行動的附加物(Early Years Action Plus)產生影響。據 Drifte(2001: 4)表示:「兩個階段都涉及兒童工作的個人化方式,包括個別化教育計畫(Individual Education Plans, IEPs)的實施,並逐漸增加介入的程度。」

　　幼教的規定總是橫跨各種領域,如健康與教育,因此之前像是在 1981、1993 和 1996 年《教育法案》中的立法,可能無法更進一步符合幼兒特殊教育的需要(Wolfendale, 2000: 147)。然而,較近期的立法似乎正著手進行改善(Roffey, 2001: 14)。「2000 年課程」(Curriculum 2000)提供學習的機會給各式各樣的學生,它建立了三項重要的原則來發展更全方位的課程:

1. 設定適當的學習挑戰。
2. 回應學生不同的學習需求。

3. 克服個人和學生團體學習與評估的潛在障礙（QCA，2000）。

全球與各國觀點

　　融合教育政策在英國政府、地方教育當局和個別學校的議程中變得愈來愈重要。部分是因為聯合國教科文組織（UNESCO）薩拉曼卡宣言（Salamanca Statement）有關特教需求的原則、政策和實踐在1994年發表。這項宣言促使各國政府投入對所有兒童的融合教育實踐。

　　許多教育家（例如 Booth & Ainscow, 1998）都一致同意，融合教育的目標是可敬的，但也指引我們去詢問兩個問題。第一，我們如何定義「融合教育」或「融合」；第二，我們為什麼需要融合教育？尋找關於「融合」的具體定義或許很困難，而且顯然充滿了困惑，影響著教育提供者、父母和學生本身。

　　融合教育研究中心（Centre for Studies on Inclusive Education, CSIE）是一個獨立的教育慈善事業，設立於 1982 年。在其文獻資料中，他們將融合定義為：「有缺陷和無缺陷的孩童及年輕人在一般的學齡前教育、學校、大專院校一起學習，並以適當的網絡加以支持。」（CSIE, 2000: 1）

　　如此簡短的定義掩飾了融合教育運動深不可測、具爭議性和具挑戰性的任務。CSIE 本質上主張終止隔離教育，以及這個國家特殊教育的傳統模式。假如有人試圖回答上述的第二個問題，那麼繼之而來在這根本方法的背後必定有個引

人注目的論點。為什麼我們需要融合？CSIE 再次用簡潔有力的方式回應：「因為孩童——不論他們是否有缺陷或學習障礙——在校外的社會中都有其角色，因此，較早開始進入主流的遊戲團體或托兒所，接著是一般學校和大學教育，這是過著和諧生活的最佳準備工作。」（CSIE, 2000: 2）

　　早期療育是任何關於幼年與融合教育的爭議中一項重要的要素（Mortimer, 2002）。在這方面，英國政府的議程包括健康生活、社區支援、跨部門合作和注重家庭。像「教育行動區」（EAZs）和「健康行動區」（HAZs）以及「安穩起步」（Sure Start）的提案，都是這些理想的實踐（Wolfendale, 2000: 149）。

融合：一種人權？

　　因此，平等和人權的議題顯然是上述基本原理的中心，而且如同上述提到的重點，教育只是藍圖的一部分。若要有意義並成功融合教育的動力，則必須展現在較廣泛的社會背景中。換句話說，融合應該和師生比較沒有關係，而更加是全體所有公民的責任。如同 Huskins（1998: 10）所闡明：「社區有義務提供彌補家庭角色所需的社會、健康和教育服務，以促進『整體』孩童的發展，並改善社會的不平等。」

　　如同先前所提及的，幼教領域需要集結不同的部分。一群專業人士利用其廣泛的專業知識共同仔細策劃，以推動融合教育。

　　很快地，在 1997 年 5 月獲得認同後，勞工局於同年 6 月

發表《卓越學校》（*Excellence in Schools*）白皮書；接著，於同年 9 月又發表《全體兒童卓越教育》（*Excellence for all Children*）綠皮書。對於殘疾的孩童，這些文件明顯衝擊到傳統的政策。自1944年的《教育法案》以來，教育的前景已經有很大的改變。僅為具特殊教育需求的孩童提供一個校園的空間已不再適用；特殊教育的品質必須擺在第一位。

◎ 殘疾典型與特殊學校的角色

若大多數 SEN 的兒童都被置於專家的看顧下，我們必須了解為什麼如此。非常幼小的殘障兒童，他們的未來似乎都被斷然地擺在專家的環境下。這個問題的答案或許就在於醫療模式的優勢地位中。此小孩的需求被以醫療用語進行定義，而這樣的想法顯示這些小孩永遠都有不同的、獨特的需求。但在醫療上，這是一個有傷害的見解，並且明顯的將問題建立在孩童身上。在融合方面，使用教育用語像是「學習障礙」，比起倚靠分類（「自閉兒」）或醫療標籤會更有幫助。然而，如果其他的人常常有很強的欲望去為「標籤」做診斷，似乎這些都為孩童安排特定的路線和資金。這裡我們可以看到，健康和教育兩方面都和這類小孩有關；我們很清楚了解，許多行政機關都有相互合作關係。早期發展和兒童保育合作計畫（Early Years Development and Childcare Partnerships, EYDCP）帶來許多新的合作機會，並且加入不同的設備、服務、代理機構及訓練（Mortimer, 2002: 47）。因此，Hall（1997: 74）描述在醫療模式及隔離教育上因果的關聯：

醫療的模式只能看見兒童及其缺陷，然而問題在於藉由解決孩子的適應問題，使他的情況能符合這個世界的要求。所有的調整必須配合兒童的生活方式及機能，因此，要提供一系列的彌補措施，伴隨著個別的教育環境以促進對他們的協助。這個世界需要改變的觀點難以興起，因為這些面臨問題的小孩也正是問題的所在。

上述的最後一行非常重要，而且略述了身心障礙者運動（Disability Movement）的論點，為全球場域增加了動力。這項論點主張使用障礙的社會模式。這樣的模式與環境障礙，以及殘疾人士障礙的概念有關。身心障礙者運動闡明，有效地去除本身的缺陷是少之又少的，但是最可行的方法，就是清除那些包含自然環境和有關政策及態度上的障礙。

這項意見被納入《2001 年特殊教育需求和殘疾法案》（Special Educational Needs and Disability Act, 2001），而且，這對被以可入學性為由排除在主流機構之外的孩童融合具有廣泛的意涵。作為多元的個別概念，可入學性（accessibility）反映出我們對融合的詮釋。入學的概念必須擴充，以便包含影響個別孩童的各種學習障礙。

Sainsbury（2000）是一位有自閉症的成人，她意識到關於身分、融合和殘疾權利的爭論，並主張這些因素的廣泛詮釋要符合自閉領域的特殊需求。她對入學的定義證明了這點，而且為有亞斯伯格症的學生打造出最適合的學習環境：

「我們不需要作勢發怒或昂貴的設備來形成我們的差異；我們只需要被了解。」（Sainsbury, 2000: 9）

雖然現在許多殘疾人士與其提倡者偏好社會模式勝過醫學模式，而且許多的教育學家、父母和孩童確實也是如此，但仍有不少隔離模式的捍衛者。Jenkinson（1997: 10）將已知的優點分類，可分成實用和經濟因素，以及對殘障和非殘障孩童的特殊效果。她強調必要的援助及設備的效率，並且要設置專家老師和輔助的服務。這補足了在小班教學中受到一對一的注意，而且課程傾向於以適當的層級進行學生所能獲得的好處。

我們可以這樣說，進行專家照護的大多數專業人士認為，他們正在為了他們所教的小孩的最大利益而努力。在許多方面，「特殊教育」被視為可敬的職業，而且具有運作良好及教育的穩固模式。有可能會助長否認殘障孩童基本人權的任何建議，或永久的體制性歧視已被世人摒棄。有一項更自私自利的觀察，其一貫的特色是要維護並鞏固他們的專門技能和影響力。

融合的障礙

目前英國政府的政策似乎愈來愈著重在依公開的學校排名（Gabriel, 2004）為指標，來審查學生的成就和表現。對某些老師來說，融合被視為這些因素的障礙，因為融合經常被認為只是排除的反義詞。結果，許多老師將接受具有情緒和行為問題的孩童進到他們班上視為融合，而且認為融合是

會傷害其主流同儕的同義詞。

　　因此，當人員或許不願思考特殊需求背景下的行為議題時，社會融合可能會在學校裡造成大量的焦慮：「在師範學校的老師或許樂意在他們的教室適應那些『理想中』具特殊需求的孩童——坐在輪椅上聰明、勇敢的小孩，但他們仍想擺脫真正『一般的』特殊需求孩童——遲鈍、具破壞性的小孩。」（Tomlinson, 1982: 80）

　　所幸，將「整體」的教育概念銘記在地方、國家和國際層級上的法律是對的。關於 SEN 孩童融合的議題正在進行，而且經常具有爭議性，強調了這項爭論進化的性質。然而，我們不能忽略的是，前不久身為這個議程核心的許多小孩被視為難以教育的事實。學者必須辨識這些進展的本質，並且把目前的論點放到更寬闊歷史性的遠景中。

案例

　　以下的個案研究顯示一系列幼兒教育的經驗，以及 SEN 多變的性質與支援。它們顯示從業人員在建立適當介入時所面臨的困難，並指出需要瞄準的領域。

個案研究

　　仙黛爾目前三歲又兩個月大。她的托兒所老師擔心她各方面的整體發展似乎較為緩慢。仙黛爾的語言能力特別有問題。她在理解方面有困難，而且在講話時會分泌過多的唾液，口水不斷「滴」在她的下巴和胸膛上。她的社交行為不夠成熟，而且逐漸被她的同伴排擠。

　　這顯然令她沮喪；社工人員覺得她變得更「頑皮」，以試圖獲得其他人的喜愛和注意。然而，她的托兒所老師認為：「她這樣對自己並沒有幫助……而且她聞起來好臭，你會想跟她做朋友嗎？」

　　LEA 支援服務學前教育團隊開始介入參與「幼教行動」（Code of Practice, 2001）。仙黛爾被評量出有發展性的語音障礙，這影響到控管所有言語行為的喉嚨肌肉，以及吞嚥。她被認為有這方面的困難，以及整體的學習障礙。人員詳細說明一系列施行在仙黛爾身上的訓練，以加強並幫助協調這些肌肉。

　　也有人建議她進行「語言治療」服務。LEA教學服務的老師提出許多建議。就仙黛爾的IEP來說，要以社會融合為優先。

　　他們建議老師仙黛爾需要一個支持者。這和家中照顧的標準有關，但這顯然不是仙黛爾的錯。教學助理主要照料另一名對情況特別敏感的小孩，然後她開始將仙黛爾帶進小型的團體活動。助理對待仙黛爾的正面行為模式，開始對她同儕的行為產生正面的影響。仙黛爾使用日常活動照片的視覺時間表，利用照片來幫助她作出選擇，例如，在不同的遊樂設備之間作選擇。這幫助她放慢說話的速度，並使她著重在發音上。

個案研究

　　艾雪琳是早產兒，而且被診斷出有腦性麻痺。她現在十八個月大。當她的父母得知診斷結果時都很震驚，不知道未來有什麼希望。

　　有人介紹他們一項當地的波特奇服務（Portage service），這是由 LEA 所資助的。波特奇家訪每兩星期拜訪一次，其專業背景在於物理療法。在首度的拜訪中，他們對艾雪琳進行觀察，而且波特奇的人員陪她玩耍。同時建議她的父母採用波特奇檢核表，並鼓勵他們每天撥出固定的時間，坐在一旁陪艾雪琳玩耍。艾雪琳的父母同意根據她所需的優先領域，寫下每週的教學活動。在艾雪琳的案例中，這些是大肌肉動作、小肌肉訓練、自立和交流／社會化。之後，艾雪琳的父母真的每天跟他們的女兒一起做活動，這使他們完全專注於她的發展，而且他們說，他們覺得自己對艾雪琳狀況的了解進步了許多。

　　新的教學目標隨著時間進行，每個階段的評估都考慮到父母的觀點。艾雪琳已有相當大的進步。艾雪琳的母親參加了一個附有玩具圖書館的家長支援小組，父母兩人都認為他們變得比幾年前更積極了。

個案研究

　　尚恩，四歲又八個月大，進入當地小學的托兒所就讀，他被形容為精力充沛且愛喧鬧的小孩。職員發現他是樂於交際的，積極地找同伴和成人打交道。然而，尚恩的父母擔心他好一陣子了，由於他的父母覺得，尚恩的發展比起其他的兄弟姊妹較緩慢。托兒所老師贊成這個觀點，也證實尚恩的語言發展明顯不如他的同伴，他只會一些關鍵字。尚恩在理解方面也有問題，他很少回應口頭上的指令，除非他們將句子拆成簡短的

單字或片語。

　　尚恩花很多時間在水盤玩，且他很興奮地重複著同樣活動，時常把自己弄得溼答答，還會往自己和其他人的身上倒水。最近當有人告訴他去做其他活動，他就會變得很焦慮，有時還會表示反抗。

　　在進行桌上活動時，尚恩喜歡玩各種物品，但是他沒有很好的控制能力。他好像沒有注意到自己的問題。

　　他會在同儕旁邊玩，但是不會嘗試與他們交流或回應他們的問題。家庭醫生認為，尚恩整體上可能有學習的困難。還沒有與當局的教育心理學者取得聯繫。在醫生報告之後，人員開始展示活動的照片給尚恩看，試圖幫他進行轉銜。而這個方法獲得了成效。

　　尚恩可以取得各種照片，包括喜歡的玩具、家人和物品。他開始將相片拿給成人，然後說出相關的詞彙，例如「洋芋片」，試圖傳達他想要的。

個案研究

　　約翰七歲十個月大，最近被診斷出有自閉症。約翰進入一所貧民區內的主流小學就讀，他的兄弟也在這間學校。

　　約翰的說話方式很奇特，經常具有超齡的成熟度，例如，「我發覺這項工作乏味至極」。同儕和職員覺得很難理解他所說的話，因為他經常含糊或低聲說話，而且很少使用眼神的交流或動作手勢。若成人直接對他說話，他似乎會「充耳不聞」。

約翰非常喜愛閱讀書本，特別是關於足球紀錄統計的非小說書籍。由於他的溝通障礙，約翰被那些認為他很奇怪的同儕排擠和欺凌。

約翰開始在午餐時間走向男孩團體，用力地推他們，使他們追他並虐待他。職員告訴他好幾次不要這樣，卻沒有效，而且約翰給人一種他很享受被追逐和堅持要跟男孩們一起「玩」的印象。

最近在遊戲時間加入了一位自願者，並帶來一些運動場的遊戲，一些足球話題。為了給小孩參考，他寫了一套伴隨每個遊戲簡單的規則。約翰興奮地閱讀這些規則，而且在玩遊戲時變得很活躍。他嘗試指導他的同儕，而且值得注意的是，他們在這種狀況下更容易接受他。

職員在教室裡遵循這套方法，並開始為約翰寫下參考的資訊。約翰對此有良好的回應，人員注意到他更願意與他們溝通。在課堂上，他們也利用他在足球統計學方面的知識，來提升他在班上的形象。他的同儕對於他的知識印象深刻，雖然他們還是覺得他很奇怪，但他們尊敬他的能力，並容忍他的與眾不同。

◎ 總結

這些個案研究適用於說明，運作良好的方面通常與這些孩童的支持以及所有人的合作有關。包括：

- 結構和日常生活的運用。
- 從業人員的語言。
- 視覺系統。
- 個別動因。
- 從業人員的意識和知識。
- 支援人員適當且創意的運用。
- 對個別小孩的觀點和感覺的了解。
- 其他小孩的角色與同儕關係的認可。
- 父母角色的認可。
- 融合哲理的實行。

　　然而，同樣重要的是，考量到小孩特殊個人因素的策略才是完善的。這些包含巧妙運用約翰對的足球興趣，以及尚恩高度的視覺學習風格。本章的目的並非提供「一體適用」的融合定義，而是要提倡這樣的概念：這是個比專家對抗主流規定的議題還要更高度個人化且更寬廣的過程。有效率的幼教從業人員是能夠考量到個人因素，以確保 SEN 孩童已經準備好，並能被社會所接受。

問題回應與討論

一、早期療育有哪些好處？

二、思考目前關於在主流環境中行為情感和社交困難（Behavioural Emotional and Social Difficulties, BESD）的孩童融合議題。你對這方面的融合有何

看法？

三、關於入學議題的立法架構如何影響你所認識或照料的兒童？

四、在促進具特殊教育需求兒童的自我倡議方面有哪些議題？

五、應該如何考量父母與監護人的權利？

推薦閱讀

Drifte, C. (2001) *Special Needs in Early Years Settings: A Guide for Practitioners*. London: David Fulton.

Roffey, S. (2001) *Special Needs in the Early Years: Collaboration, Communication and Coordination*. London: David Fulton.

Jones, C. (2004) *Supporting Inclusion in the Early Years*. Maidenhead: Oxford University Press.

第4章

連結性思考的實踐：專業合作的探討與研究

Eunice Lumsden

　　本章將檢視跨部門合作的發展情況，以及探究為何在專業界線外的運作仍問題重重。再者，為使讀者對專業合作有更深入的了解，將進一步闡明共同工作的定義，像是應被納入合作的對象和有效溝通的因素為何。本章也將審視，在發展符合「每個孩子都重要：為孩子而改變」（Every Child Matters: Change for Children）（Department for Education and Skills, 2004e）該議程專業人士要求的關鍵技能時，為早期實行者設置的初級訓練該扮演的角色。

《2004 年兒童法案》於 2004 年 11 月 15 日獲得英國皇室
一致通過，並聲稱此法案將開創兒童和家庭政策的新
世代。政治議程的首要性以及法律條文的背書，顯示整合型
服務的重要性，也間接地暗示專業人士彼此合作的需要
（Children Act, 2004）。因此，本章為使讀者對專業合作有
更深入的了解，將對共同工作的定義加以闡明，像是應被納
入合作的對象和有效溝通的因素為何。本章也將審視幼兒期
教程所提供的初級訓練，在發展符合「每個孩子都重要：為
孩子而改變」（Department for Education and Skills, 2004e）該
議程專業人士要求的關鍵技能時，該扮演的角色為何。

然而，落實機構間的合作並不是什麼新理念，在《1989
年兒童法案》和《在兒童法案下一起工作》（Working To-
gether Under the Children Act）（Department of Health, 1991）
中，政府便提供了跨部門合作的指導方針。目前的差別乃在
於：「近來政府愈趨強調共同工作的重要性」（Harrison et
al., 2003: 8）。他們引用 Tony Blair 的主張：「不論教育、醫
療、社會工作、犯罪防治或兒童關懷，都使政府加強而非減
弱公民社會的功能，並協助家庭和其居住的社區改善他們的
處境……新工黨的任務便是增進這種合作關係的範圍和品
質。」（Blair, 1998, cited in Harrison et al., 2003: 8）

正如同 Butcher（2002: 189）所說：「合作的規則是改革
架構的核心」，因此，整合型服務在政府創始的「每個孩子
都重要」與《2004 年兒童法案》中位居核心，將在法律的框
架下促進未來十年的改變計畫。

　　對學生與早期的從業者來說，這是令人興奮和充滿挑戰性的一刻，因為這個涵蓋「連結性思考」和共同工作的政府政策，在明顯改善兒童福利後，已成為不可或缺的角色。只要是和兒童有關的機構都必須互相合作，而且會有整體的架構模式以供檢視，來確保政策的落實（Department for Education and Skills, 2004e）。

　　政府的遠見將如何落實仍不得而知，任何針對這項法規的實際影響之研究，也都停留在初期階段。然而，身為早期的實行者，你將有助於人力資源的發展，不只是促進當今政策的執行，甚至能讓發展中的政策成真，特別是下述的結果說明了對兒童的重要性：

- 健康。
- 安全。
- 享有與實現。
- 創造正面的貢獻。
- 享有經濟的安康。（Department for Education and Skills, 2004e）

　　為了迎接這項挑戰，政府擬訂下列的改革事項，以詳細檢查和改善為兒童及其家庭所制定的條款：

- 初期設置，學校與醫療服務普遍服務的改善與整合。
- 提供更多專業的幫助，以促進機會及預防問題，並在問題出現時採取快又有效的行動。

- 將與兒童及其家庭相關的服務項目，重新整合至一個中心，例如，兒童中心和延長學校（extended school），並集合多元學問團隊的專業學識。
- 所有層級行政部門的領導階層須秉持奉獻和有魄力的態度；跨機關部門也衍生出共同責任制，一同保護兒童並讓他們免於傷害。
- 在評估和規劃服務的相關規定時，須聆聽兒童、年輕人和其家庭的意見，尤其是要和他們面對面溝通（Department for Education and Skills, 2004e）。

　　很明顯的，政府主張的中心思想是，為了增進兒童、年輕人和其家庭的福利，專業人士有效率的合作是相當重要的。然而，正如之前強調的，《1989 年兒童法案》記錄了合作關係的重要性，以及專家們曾共同努力提供服務與分享資訊的歷史（Children Act 1989; Department of Health, 1991; Loxley, 1997）。而針對需要幫助的兒童與其家庭的評估方法（The Assessment Framework of Children in Need and their Families）（Department of Health, 2002），當局固然希望能增加多元專業的管道，也有許多例子是關於部門間的高效率行動，和多重專業的團隊共同為健康、教育和社會福利工作努力。像是兒童與青少年精神健康中心（Child and Adolescent Mental Health Services），以及安穩起步計畫和卓越中心計畫，例如北安普頓郡的潘格林（Penn Green）（Carnwell & Buchanan, 2005; Housley, 2003; Leiba, 2003; Lloyd et al., 2001;

Pinkerton, 2001; Thompson, 2003; Whalley, 2001）。儘管如此，在調查兒童死亡案件時，常見的因素之一便是，專家要共同合作來保護兒童是有難度的（Lamming, 2003）。的確，也就是發生在 2000 年 2 月 25 日的維多利亞（Victoria Climbé）虐兒案，促進了現今的政治章程能依法要求有效率的整合式工作模式（見第二章）。

在讚美政府遠見的同時，我們必須了解的是，如果實行者一直是有效率地相互合作，這塊區域仍問題重重的原因為何？而一旦解決此問題，我們在面臨不斷浮現的議題時，便能擁有更大的共識。

◎ 合作的語言

不論是在健康、社會關懷或教育的領域或工作上，你會發現合作的說法是多樣化的，我們也無須去了解有哪些不同的詞彙包含其中，或是有誰包含在整個合作的過程中。實際上，合夥關係、合作、部門間工作以及共同工作，都是經常用來表達其意義的字彙。因此，本章的目的，是要以「合作」的廣泛字義將其他常見的術語納入其下。

在過去的三十年中，當專家們在討論如何發展出一套符合成人的多元需求和兒童的工作模式時，這些術語已成為不可或缺的角色，從1973法案也可看出政府特別提及合作的理念（DHSS, 1973）。從那時起，政府便針對專家們和服務使用者間的合作關係，發布了一系列的公告和法規（Children Act 2004; Department of Health, 1991, 2000; Loxley, 1997; San-

ders, 2004）。一開始的焦點在健康和社會關懷方面，因為兒童保護程序，在與兒童和其家庭事務有關的部門合作發展中，是極為重要的一環（Calder & Hackett, 2003; Department of Health, 1991; Sanders, 2004）。教育問題逐漸受到重視，而健康、社會關懷和教育共同合作的重要性，也是政府所創始的「每個孩子都重要」的核心所在，此創舉給予新的《2004年兒童法案》一股支持的力量。這些訊息清楚指出，專家們和那些使用服務的人必須更有效率地共事。

目前來看，這些術語的字義仍有待更精確的解讀。Lloyd & Stead（2001）提供了一些有用的定義，來增進實行者對共同工作的認識與了解（見表 4.1）。而合夥關係這用語便從此領域消失了，即便它在社會健康關懷和教育環境的領域中常被提及。Harrison 等人（2003: 4）曾回顧有關「合夥關係」的文獻記載，並強調「此字沒有單一、一致認可的釋義。有時，這些詞彙可與『合作』交替使用」。專家建議更有用的方法是，考量那些具有成功特質的合作關係：

・超過二個以上的機關或團體，或是超過一個以上的部門（私人、公共、自願）和關鍵的利益關係者，亦即是指那些受問題影響最深，或負責想出解決方案的人。
・有共同目標，擁有共同的問題，並對事情結果有相同的見解。
・面對問題時，有意見一致的行動規劃或策略。
・感謝並重視每一部門對合作關係的貢獻。
・充滿彈性且積極變通，企圖融入來自不同價值觀和文化背

🍀 表 4.1 專門用語

跨部門工作	一個以上的部門以有計畫及非正式的工作模式一起工作。
整合型	經過深思熟慮和協調一致的規劃和工作，而此工作會考慮不同的政策，並使部門間的實踐和價值變得更多元。這可歸類為思考、實踐或政策發展。
聯合工作	超過來自一個部門以上的專家，為一個專案共同努力，例如，老師和社工人員的聯合工作小組。學校展開的跨部門會議，內容可能包含的聯合計畫也可反映聯合的思考模式。
多部門工作	超過一個部門以上，有與青少年、家庭合作，或執行專案（不用是聯合的）。它也許是同時進行，有時是聯合計畫的成果或是相繼而來的。
單一部門工作	只有一個部門負責工作，但這結果也許是來自跨部門的決策。因此，單一部門工作也可能是整合型計畫的一部分。
多元專業工作	共同工作的人員來自不同的專業背景，並受過不同的訓練。
跨部門溝通	部門間正式與非正式、書面及口頭的資訊交流。

資料來源：Lloyd & Stead（2001）

景的機構。

・與非合作關係的其他相關團體交換意見。

- 交換資訊並擁有眾人認可的溝通體系。
- 擁有眾人認可的決策機制。
- 資源和技術互享。
- 過程中有一定的風險存在。
- 建立眾人認可的角色與責任制。
- 建立合作夥伴和其他相關部門間的溝通體系。（Harrison et al., 2004: 4）

　　Sanders（2004）在思考過不論是互相（inter）、多元（multi）或超越（trans）的用法造成的影響後，也為這用語的討論再添一樁論調。他表示：「這些文字都有不同的意義。inter 這個字，意味著『兩者之間、二個實體之間的聯繫』；而 multi 意味著『很多』，trans 則意味著『跨越』。」（Sanders, 2004: 180）他接著說明，在 multi 和 inter 這兩個常見的用字中，又以 multi 更為常用，因為它意味著兩個以上的合作關係。Loxley（1997）指出一個事實，唯一針對術語解釋最詳盡的定義，乃是來自家庭醫師委員會及區衛生所（DHSS, 1984）所組成的聯合工作小組。她談論到他們對於工作的看法，就如同「對彼此扮演的角色和責任互相理解與尊重；對於地區、共同利益及關心的事物有認同感；建立共同目標、政策及計畫」（Loxley, 1997: 20）。Banks（2004）和 Whittington（2003）提供了對這領域有用的討論，並談論到共同工作的連續性。Banks（2004）介紹了不同層級的共同工作，以及策略性和團隊／經營方面。Whittington（2003: 24）更提到較深層的中型合作關係和合作。在他看來，連續性的範圍端看整合型服務的多寡。至終，「點對點理論的合作模式」（collaborate on an ad hoc basis）依然存在於個別部門中，至於其他部門，像是護理信託（Care Trusts）便可作為有組織的整合型部門的代表。

Banks（2004）也引用了 Carrier 和 Kendall（1995）的研究報告，關於如何有效區別多元專業與專業之間的合作模式。她表示：「多元專業（multiprofessional）的工作模式是很傳統的形式，且其對專業知識和授權的部分有所保留……專業之間（interprofessional）的工作模式則是一種樂於分享的工作模式，如果任何專業團隊的成員能提出更好的意見以滿足服務使用者的需求，成員們願意摒棄本身的專業成見予以認同。」（Banks, 2004: 127）

在她接著說明的同時，許多團隊正在這兩個模式中打轉，而其最主要的目的就是相信透過這個模式，服務使用者將受到更好的服務。這模式或許可成為一樁研究案例，但此模式在服務傳達方面仍然有其難度，因為聚集在此的專業人士皆具備不同的價值觀、文化、意識型態和專業身分（Calder, 2003; Loxley, 1997; Banks, 2004）。確實，在此地區的研究（Banks, 2004: 134）強調了專業人士共事的困難之處，在於「母公司所雇用的實行者中，會產生管理體系、生產者和體系操作的不相容性」。Calder 和 Hackett（2004: 10）也補充了一些意見，包括「不同的背景及受過的專業訓練」、「對家庭生活的多元看法」、「刻板印象和偏見」及「溝通」等

因素。如果我們進一步思考，合作小組專業人士的權力平衡問題，及其對服務事業所造成的影響，這場爭論將會變得更為複雜。舉例來說，在缺乏相同的薪俸等級、工作條件及背景的狀況下，不同的專家要如何聚在一起，並有效地為同一個案子工作。然而，還有另一層面被認為在服務傳達中最為重要，就是群體對服務的不同需求（Leiba & Weinstein, 2003; Loxley, 1997）。

　　共事是件複雜的事，不只要融合大家的需求、經驗、專業身分，還要考慮那些必要的服務的複雜需求。正如 Loxley（1997: 49）所說：「如果合作不再是神話，那麼所有不同程度的需求都必須被發現和認可，這樣它們才能獲得正面的回應，並列入評估合作的可行性，和（或）最有成效的回應時的考量因素。」

　　沒有一個定義可以濃縮「合作」這字眼的複雜性，接受這項事實的同時，也代表這也許是簡化關於共同工作之用語的一個機會，好提供一個互相理解的基礎，來建立我們的學術和工作平台。為兒童和其家庭相關事務服務的人員，以及研究幼兒期的人員，不只要對不同術語用法有共同的理解，也要了解何為有效率的合作、共同合作的廣度和深度，和專業團隊、專家及其客戶三者的權力不均將造成的衝擊。

◎ 落實合作

　　另一個引領這股術語討論的主題，就是合作關係的參與者。難道整個過程中只有專家的參與，也就是服務的操作

者，或是還包括了服務的接收者，像是兒童和其家庭呢？每個使用者對健康、教育、社會福利服務的需求是不同的，所以，如果使用者能主動參與討論過程，那些專家便不至於以自身的定見來推斷使用者的需求（Leiba & Weinstein, 2003）。

的確，與服務用戶的合作政策也受到決策者的認同，並將其納入 1989 和 2004 年的《兒童法案》以及 1989 年的《聯合國兒童權利公約》。合作政策應該要為服務提供者和用戶雙方的利益著想。但是，儘管服務的用戶在這領域的參與度愈來愈重要，卻很少研究者探討使用者的參與對政策帶來的影響：

> 少數研究的結論……都指出使用者的參與大多是不完整的，而且都是靠當地的個別使用者支撐。此政策現正運行中，許多部門也開始實施用戶參與的政策與程序，即使每個部門的情況會隨著目標的不同和政策落實的程度而有所差異。（Leiba & Weinstein, 2003: 67）

另外，Leiba 和 Weinstein（2003: 69）指出：「用戶參與的品質、敷衍了事和資源的匱乏，是長久的議題。」而在這情形下，我們又該如何確保供應者和「消費者」的合作是有意義的。說到兒童和其家庭，如果他們在這個模式中成為積極的服務用戶，並依其權利在成長過程中享有這些服務，專家們必須認可並積極地評估其參與。Shaw（2000: 29）也指出，評估服務用戶參與度的研究仍是「天方夜譚」。然而，

如果現在用戶的觀點、意見和經驗都將列入評估項目，那麼這論點勢必受到挑戰。還有一點是必須探討的：我們如何讓服務的用戶以有意義的方式加入此模式的運作？

　　其中一種方法為假設服務使用者、客戶或病人乃積極的參與者。Loxley 用合作理論（Coopreational Theory）假設人們會為了自身利益而一起工作。她主張：

> 以個體而論，客戶或病人參與的力量大小取決於可供他（她）選擇的項目層級，也就是個人所擁有的交換或收回的權力。在商業市場中，行使此權力的稱為消費者。而在公共部門事業這個虛擬市場中，購買者也就變成了使用者。（Loxley, 1997: 39）

　　因此，如何讓公共關懷事業的「消費者」享有在商業市場中的同等權益？這是個有挑戰性的問題，需要非常縝密的思考。評估服務使用者對自身需求的了解及看法，已成為眾多爭論的重點（Dominelli, 2002; Leiba & Weinstein, 2003）。

　　對 Leiba 和 Weinstein 而言，「服務使用者在整個合作過程中是最重要的參與者」（2003: 63）。他們將使用者視為「專業人士」，因為使用者的個別狀況就可被視為一個意見。他們主張：「唯一能讓照顧者不會感到被邊緣化，並能善用其對於情勢的了解的方法，就是讓他們充分參與其中。」（2003: 66）然而，他們強調一些專家在這過程中會有「被脅迫感」，而有些服務使用者的「感覺也不是很

好」。他們認為：「這些焦慮的存在必須被承認，也得讓它們有得以抒發的機會。」（2003: 66）關於服務使用者參與的討論，也得到 Thorpe（2004: 22）的回響，他指出一個現象，當服務使用者的參與被視為具有正面意義時，「許多政策決策者及實行者對於使用者導向服務的想法，仍以敷衍了事的態度應付」。然而，如同 Leiba 和 Weinstein（2003: 69）的聲明：「如果我們能夠仔細聆聽服務使用者及照顧者的心聲……他們告知我們的其中一件事就是，專家的合作造成了溝通管道的破裂、服務傳遞的延遲，以及使用者的困惑和挫折感。」

如果孩童及其家庭在合作過程中的參與將受到評估，那麼，他們和專業人士間的權力均衡也該受到檢測，特別是當關懷和控管議題是其合作的首要項目時。Pinkerton（2001: 251）指出：「兒童保護工作讓合作關係的困難度得到明顯的紓緩。」然而，這種權力不均的狀況不只出現在社會工作方面，就連教育及醫療方面也是。還有一個被點名權力不均的情形，就是專家來為人們的身分命名。的確，在本章節，像是客戶及服務使用者的用語都是交替使用的，然而，他們也可被稱為病人，甚至是服務事業的消費者。而另一個困難之處就是，這個「消費者」的年齡。如果消費者是名孩童，那麼他們要到幾歲才能加入這合作關係，並賦予討論過程一定的意義？這又引發了另一場爭論，到底該由有專業知識、認知和訓練的專家，抑或是由案例中的兒童和其家庭來決定。這塊學術領域為專家和客戶群的合作過程，又加入另一

塊領域的內容。在合作過程中，各成員不會去評估他們要扮演的角色，因為他們並不像其他的成員，擁有相同的資歷或是社會地位。

合作需要有效的溝通，認清這一點是非常重要的事。對Thompson（2003: 67）而言，「有效的溝通並不僅僅是個人的技巧或個體的成就。更正確的說法應是，它取決於相當重大的事務，像是系統組織、文化及結構。」專業語言的特性也增加了複雜度，因為每個行業都有自己的慣用語言和一套縮寫方式，使得溝通又多了一層阻礙；而相同的術語也可能代表不同的事物。舉例來說，在學校機構的合作關係，可能是指和家長有效率的合作；在社會關懷機構，就變成和其他部門或客戶合作（Braye, 2000）。因此，如果專家們不願溝通，服務使用者又如何期盼能開始參與合作過程呢？

不過，也有積極促進克服語言障礙的案例存在。例如，雪菲爾信託基金（Sheffield Care Trust）便創造了行話詞彙表給參與會議的服務使用者（Thorpe, 2004）。另外一個例子是，國家學習障礙人士論壇（National Forum of People with Learning Difficulties）所建立的「紅綠燈」卡片制度。會議上的每個人擁有三張卡片：一張用來阻止別人將他們排除在討論之外；一張是當他們不了解討論中的內容時使用；另一張則是用來表達他們同意所說的內容（Leeson, 2004）。而這個學習障礙者所使用的方法，也適用於大人和小孩的情形。事實上，以我對多元專業會議的了解，這制度能在許多場合派上用場。

　　如果我們在參與過程的部分有所突破，並主動將孩童納入合作過程中，專家們就必須思考他們使用的語言，並想出不同的策略來打破藩籬（Thomas, 2000）。確實，主動納入兒童並簡化語言的這個動作，可以解開有些大人心中的疑問。任務說明就是一個例子，很多機構花費相當可觀的時間想辦法將重點歸納出來。身為兒童參與會議的新進觀察者，看到其中一位與會者能將一份兩段的任務說明縮減至四個字，並將原文濃縮成簡潔的文字，實在是一件好事。他接著說，他不能理解為什麼大人要使用這麼多字彙。

　　因此，語言的合作和合作要如何落實的挑戰性和複雜度，也就可想而知了。有關這領域的文獻愈來愈多（Draper & Duffy, 2001; Harrison et al., 2004; Leeson & Griffiths, 2004; Loxley, 1997; Weinstein et al., 2003），針對定義、解釋和語言的互換性，和應參與過程的與會者為何的議題，提出一系列的討論。撇開這領域的複雜性不談，很明顯在這幾十年來，合作一直是每個政府的重點政策。當 Leeson 和 Griffiths（2004），以及 Plowden 的著作（見 Central Advisory Council for Education, 1967），把吸引力聚焦在家庭－學校的連結，還有 Loxley（1997），都為 1971 年前的文獻和法規訂出一條有用的界線，而合作的計畫也包含在內。此外，正如同本章前段提到的政府為兒童和其家庭所制定的政策「每個孩子都重要：為孩子而改變」（Department for Education and Skills, 2004e），許多部門已開始有效地合作，並將此視為這未來十年的挑戰。

ⓒ 有效的合作

　　如果「為孩子而改變」這議程想要進步，正面有效且全面的合作就是其奮鬥的目標。先前已指出，共同工作並不是新的想法，而我們的挑戰是要探討其成功的因素，並使用它們作為進步的基礎。人們也必須了解，與兒童和其家庭合作是有其助益的，而且這過程中的收穫超過了可能遭遇的困難。然而，重要的一點是，這個方法不該用來掩蓋困難出現的原因。Loxley（1997: 70-71）提醒我們：

> 團隊合作的訴求就跟合作一樣，能使決策者從不相容的組織和有限資源的艱難情況中脫困，透過分擔責任給實行者，進而降低困難帶來的影響，而實行者能在不完全理解的情況下接受，或認清其中包含尚未解決的矛盾之處。這個理論乃是用動人的思想來掩蓋實際狀況。

　　然而，如果我們要發展這些議題，就必須承認這項事實，參與者才不至於在過程中忿恨不平，而導致一事無成。更確切地說，每項要求都必須被公開談論及處理，如此才能使參與者聚焦在具體任務上。這樣的開放和誠實度不僅能改善合作組織的人際關係，也能使每個人的立場獲得更多的理解。這也闡述了一個想法，就是幼兒期研究的學位制度是有意義的，它們提供了一個相互交流的場所，讓學生能在此認識不同專業在兒童和其家庭事務所扮演的角色。他們也有機

會培養將來人力市場需要的關鍵技能，本章的最後一部分將有進一步的說明。

所以，我們要如何朝有效合作的目標邁進呢？為使合作過程成功，參與者之間必須有某方面的共識。同時，也需要「尊重、對等、現實性和冒險」四個元素（Harrison et al., 2003: 26）。Harrison 等人提出一個有用的建議，「SMART」的架構〔具體（specific）的目標、可衡量（measurable）的目標、目標可達成性（achievable）、目標和其他目標相關性（relevant）、目標的時效性（timed）〕能協助合作實行。這讓參與者開始時便將目標列入議程之一，並仔細思考彼此該如何合作，以及如何衡量目標。Harrison 等人（2003: 15）把剛開始的合作關係比喻成「第一次約會」，並且提供了一份參與者必須考慮的議事表格（見表 4-2）。

表 4.2 首次面談

會議前	會議中	會議後
研究	闡明目的	尋找決策者
分享想法	認可彼此的優點	爭取內部支持
計畫議程	找出潛在的阻礙	草擬協議書
探討贊成與反對的意見	先想好如何克服困難	提出基金方案
成本效益分析	草擬提案	保持心胸開放

資源來源：Harrison et al., 2004: 15

　　Leeson 和 Griffiths（2004: 140）針對成功合作的元素，提供了更精闢的見解，包括「增強情感上的聯繫及互動，無論是在對內或對外的環境」的重要性。他們也強調管理支援、訓練和「停止專家之間的權力鬥爭」的重要性。而我認為，另一個重要的因素是，對遠景共識的重要性，一種為兒童和其家庭利益共同奮鬥的決心。在整套針對兒童的幼兒期研究，專家都能清楚地評估並了解，彼此處理兒童與其家庭事務的立場和關係。再者，不論「消費者」的角色是兒童還是成人，都能經過服務事業的評估，並納入合作過程。

幼兒期訓練扮演的角色

　　在政府實行共同合作，以緩和孩童的貧困情況和改善幼兒期條款的政策下，訓練有素的人才便顯得相當重要（Abbott & Hevey, 2001; Department for Education and Skills, 2004e）。因此，在未來的十年中，將會有一股人力資源的改革，而幼兒期的研究漸趨熱門，也意味著幼兒期課程將成為大學教育中的中樞角色。

　　幼兒期研究學位的增加，使學生有機會沉浸在最廣泛的幼兒期討論中，包含醫療、社會關懷和教育的觀點。這也讓他們有機會看到來自不同的工作、組織文化、不同專業知識、扮演不同角色、擁有不同能力和薪資的專家一同聚集在此，並樹立一個良好的多元專業合作典範。

　　這發展只對合作的過程有幫助。修習幼兒期課程的學生首要目標就是想教導他人，然而，擁有幼兒期研究學位的學

生清楚地指出，他們已發現研究計畫的整體特性，其中包含不同的觀點陳述，而這對他們未來職涯的幫助是無價的（Murray & Lumsden, 2004）。的確，過去許多幼兒期的課程都集中在教育大學，然而，使用多元學科的教導方式，意味著不同背景的職員將聚集在一起，共同為彼此的角色差異和對孩童的責任努力。而這也產生一個重要問題，該如何維持不同觀點傳達的公平性：鑽研於醫療和社會關懷領域的學生，不管將來他們的職涯選擇為何，其對學科中三個組別必備的公平性是直言不諱的。當這過程仍持續進行，合作關係的影響力已促成醫療和社會關懷與其他傳統教育課程的整合。這將有助於發展在兒童邁向成年的旅程中，我們對彼此不同的定位和角色的認知。

至於幼兒期起步計畫基金會學位（Early Years Sure Start Endorsed Foundation Degree）也有所發展，主要是獎勵成功獲得學位的資深實行者。這個學位制度吸引了來自非本科系的學生，並讓他們有機會增進不只有關對幼兒期發展和兒童照顧的知識和了解，也能在工作場所中學以致用。此制度的用意是希望學生們能培養信心去追求更高階的教育，並從此學位中獲得一種榮耀感。這也開啟了另一扇門，比如研究生的教育認證；一條引導研究生進入教學領域的路徑，或是社會工作學科的碩士學位制度，並培養「每個孩子都重要：為孩子而改變」計畫所需要的人力資源（Department for Education and Skills, 2004e）。

總結

就像這章節所談到的，團隊合作已不是新想法，過去已有許多專家間的合作案例可供參考。然而，語言的合作在術語使用和過程參與者這兩方面來說，都是相當複雜的。唯一確定的是，為了達成有效的合作，參與者必須擁有共同的遠景和意願，以克服這些複雜的因素，並對每個個別合作的目標設定、如何使目標達成，和判斷目標達成的要素有清晰的理解。

「每個孩子都重要」意味著在未來十年，團隊合作和夥伴關係將落實得更徹底。而專家們不能再躲在自身專業領域的避風港內。跨出步伐和其他專家、小孩們和其家庭接觸，對發展彼此共同的合作關係和合作程序，並邁向成功的合作，具有意味深長的涵義。

要促進合作過程，最關鍵的方式之一就是透過改進過的訓練來超越專業的界線。必須針對教育、醫療和社會關懷領域內不同的資源需求，展開一系列的訓練活動。幼兒期的學位制提供了一條途徑，學生能藉此了解並培養不同專業人士在一個孩子的生活中所扮演的角色的知識。在這個學識和認知的基礎上，學生便有機會專攻教育、醫療或社會關懷的領域。

政府需要實際了解評估過程參與者的重要性，無論是透過進行中、被贊助的訓練，或是同等級的薪資給付，而事實上，薪資刺激也是評估訓練的因素之一。每個孩子都是重要

的，但為了使願景在現實生活中實踐，訓練的內容必須切合時事，並提供一個實用的方法，讓兒童和其家庭還有其案例的參與者能發展並落實有效率的合作。

問題回應與討論

一、你認為專業人士無法共事的理由為何？

二、你認為該項訓練何以能促進正向合作的落實？

三、你認為《2004 年兒童法案》真的能發展出合作模式嗎？

四、兒童和其照顧者是否能以與會者的身分參與合作過程？

推薦閱讀

Calder, M. and Hackett, S. (eds) (2003) *Assessment in Child Care: Using and Developing Frameworks for Practice*. Lyme Regis: Russell House Publishing.

Department for Education and Skills (2004) *Every Child Matters: Change for Children*. London: HMSO. Available on: *http://www.everychildmatters.gov.uk*.

Harrison, R., Murphy, M., Taylor, A. and Thompson, N. (2003) *Partnership made Painless: A Joined Up Guide to Working Together*. Dorset: Russell House Publishing Ltd.

Loxley, A. (1997) *Collaboration in Health and Welfare: Working with Difference*. London: Jessica Kingsley Publishers Limited.

Sanders, B. (2004) 'Interagency and multidisciplinary working', in T. Maynard and N. Thomas (eds) *An Introduction to Early Childhood Studies*.

London: Sage Publications.

Weinstein, J., Whittington, C. and Leiba, T. (eds) (2003) *Collaboration in Social Work Practice*. London: Jessica Kingsley Publishers.

第5章

現代童年：當代理論與兒童的生活

Tim Waller

　　本章綜觀目前支持幼兒研究的國際文獻與研究。近來有大量文獻評論孩童發展在幼兒理論中所扮演的重要角色。為了提供當代的幼兒觀點，本章列出並探討以下五項現代理論的重要信條：

1. 有多種不同的童年。

2. 童年的多重觀點。

3. 孩童亦參與共建他們自身的童年。

4. 孩童對家庭、社區與文化的參與對他們的生活產生特殊貢獻。

5. 我們仍在試圖了解童年。

> 童年可被定義為人類被視為兒童的那段生命期，以及該時
> 期的文化、社會和經濟特性。（Frones, 1994: 148）

本章綜觀目前支持幼兒研究的國際文獻與研究。從一系列近年的原始資料（例如，BERA SIG, 2003; Riley, 2003; MacNaughton, 2003; Kehily, 2004; Maynard & Thomas, 2004; Penn, 2005）看來，本章列出當代兒童發展理論的五個特徵，並探討它們與現代童年的關係。因此，本章明確的目的是要探索不同的、當代的觀點，而且不重複主要從心理學觀點考量兒童與童年的傳統文本（這方面的探討已經很多了）。

例如，Brown（1998）、Moss（2001b）和 MacNaughton（2003）提醒我們公平的重要性，以及檢視並質疑我們自己對兒童和童年的假設。成年人低估兒童是常有的事。一般公認孩童為獨特的個體，生活在社會世界裡，而且沒有所謂「正常」發展這回事（Donaldson, 1978; Dunn, 1988; Rose, 1989）。

轉換到孩童的現代觀點，「兒童」和「兒童發展」這些詞彙，以及童年的整體概念都受到質疑。運用一系列的觀點，包括新興的兒童社會學、童年的概念，以及兒童社會史，都受到檢視和討論，帶來全面性的觀點。本章考量公平的議題，以及它們如何影響兒童，並著重在兒童對家庭和社區的參與。近年關於幼兒腦部發展的研究成果亦納入評估。

ⓒ 多種不同的童年

　　一項當代觀點認為，童年並非固定或舉世通用的，而是「可變動且多變的」（Walkerdine, 2004）。這表示兒童會經歷許多不同且多變的童年。童年會因階級、種族、性別、地理環境、時間等，而有地區性的變化和全球性的形式（見 Penn, 2005 對不同的童年有詳細的討論）。直到最近，大部分關於兒童、童年和兒童發展已發表的研究和文獻，都著重在個別的發展，就像是邁向成人的自然進化。這自然的進化被認為對不同階級、性別或「種族」的兒童來說都是一樣的（見 MacNaughton, 2003: 73）。這重要的研究主體大多以心理學和發展心理學的觀點進行書寫，提倡 Walkerdine（2004: 107）所建議的「不可或缺的童年」（essential childhood）。這是傳統西方對兒童發展的觀點，用來分類世界各地的所有兒童（Dahlberg, 1985; Walkerdine, 1993）。Penn（2005）引述自 Rose（1989），認為一個「正常」的兒童是：

　　　　經統計平均以及歷史特定價值判斷所定義的奇特組合。「正常」兒童最驚人的一面就是他或她是多麼不正常，因為現實中從來沒有這樣的一個人。定義「正常」的好處在於，這樣的策略能協助負責的人員找出、分類，並治療那些似乎不適應的孩子。（Penn, 2005: 7）

　　這些文獻中有超過 95% 來自美國（Fawcett, 2000），且

大部分都是由男性所寫，或從男性觀點來看。Walkerdine（1993: 451）表示，兒童發展所謂的「科學」心理學「真相」，「必須在知識發展的歷史狀態下理解」。因此，對 Walkerdine 來說，這樣的知識在父權社會中產生，而且兒童發展史受男性觀點所支配。她強烈地主張，仰賴心理學去解釋兒童發展會「使男性和歐洲人的思想變得普及」（1993: 452）。

近年來，由於新兒童社會學、文化和人類學研究的影響力漸增，有人提出一項不同的觀點，認為童年是隨著時間和地點改變的成人建構（見 Gittins, 2004; Prout & James, 1990; James et al., 1998; Mayall, 2002）。對 MacNaughton（2003: 71）來說，兒童發展不是一項事實，而是一項文化建構。當我們描述一個兒童的發展時，我們描述的是文化的了解和偏見，而不是存在的事實（Dahlberg et al., 1999）。

正如 Penn（2005: 97）對我們的提醒：「世界上兒童的情況與我們在北美和歐洲研究的兒童截然不同。」居住在世界其他地方的兒童，有 80%在財富、健康和文化上都有明顯的差異（見 Penn, 2005: 98-108）。

每六個兒童就有一名嚴重飢餓。

每七個兒童就有一名完全缺乏健康護理。

每五個兒童就有一名缺乏安全的飲用水，而且每三個兒童就有一名家裡沒有廁所或衛生設備。

超過 6 億 4 千萬名兒童生活在泥地或極度擁擠的居所。

超過 1 億 2 千萬名兒童無法進入小學就讀，其中大部分
是女孩。

1 億 8 千萬名兒童成為最惡劣形式的童工。

每年有 120 萬名兒童被非法販賣。

200 萬名兒童（大部分是女孩），在性產業中被剝削。

1990 年代，在衝突中被殺害的 360 萬人中，將近一半
（45%）是兒童。

1,500 萬名兒童因愛滋病而成為孤兒，其中 80%為非洲
人。（UNICEF: The State of the World's Children, 2004）

　　此外，所謂「兒童發展」的實際分類和研究，其整體概
念和實用性在最近遭到質疑（更詳細的批評請見 Fawcett,
2000）。人的一生會發生明顯的改變和轉變，但爭論在於要
如何了解並構成這樣的改變。Dahlberg（1985）宣稱，由於
以發展心理學為中心的顯著影響，我們對兒童的觀點受限於
自然增長的科學模型。通常，此兒童模型以相對狹窄的心理
層面，如社會、情感、認知或智能及生理發展來定義其發
展。然而，如 Riley（2003: 13）所指出，這些互相關聯的層
面非常複雜，而且發展主義無法充分解釋其複雜性，亦不能
解釋它們如何進行全面性的運作。Zuckerman（1993: 239）
也主張，提出規律與可預測發展模式的理論，過度簡化兒童
實際的生活，事實上也妨礙了我們對童年的了解。

　　Dahlberg 等人（1999）亦認為，「發展」本身是個不適
用於童年的問題用語，因為它會導致壓迫性的實務。Walker-

dine（1993）和 Silin（1995）主張，我們對兒童的觀點對他們會構成各方面的壓迫和剝削，因為我們將他們和我們的差異視為一種機能不全或缺陷的，而不是另一種了解他們的方法（Silin, 1995: 49）。MacNaughton（2003: 75）探討這點，並引述 Cannella（1997: 64）所說：「兒童發展是一種帝國主義概念，證明兒童的分類與不同的文化是種退化，而且需要更先進的概念提供幫助。」

　　然而，儘管有項承認兒童社會建構與新興兒童社會學的論點，就如同前文清楚指出與下面章節所述，這只是眾多的兒童學派之一。例如，Walkerdine（2004）對這種現代兒童報告的地位提出合理的質疑，以著重在「如何產生兒童主觀意識」的社會學解釋（2004: 96）取代個別發展的心理學認知。她主張，這種「二元論」以兒童的外在觀點取代內在觀點，而這種兒童發展是占有一席之地的。然而，將童年視為一個歷經所定義階段的過程則過於簡化。有多種不同的童年，為了研究童年，就必須考量一系列的觀點。

◎ 童年的多重觀點

　　現代的童年可使用不同且多重的觀點來解釋（Walkerdine, 2004）。這些觀點受到文化的影響，而且隨時間有所不同。如 Kehily（2004: 1）指出，長久以來，不同學派已發展出不同的方法來探討兒童的研究。然而，近年國際間愈來愈重視社會學（James & Prout, 1997; Mayall, 2002）、幼兒教育（MacNaughton, 2003）、批判理論與女性主義（Walkerdine,

1993）的觀點。因此，目前對兒童發展的認知可從多元觀點進行探討，而這些觀點會受到文化影響，並隨著時間而改變。

James 和 Prout（1997: 8）發現，「新兒童社會學」具有下列主要特徵：

- 童年被視為一種社會建構。
- 童年為社會分析的一項變數。
- 兒童的關係與文化本身是值得研究的。
- 兒童是積極的社會行為者（social agent）。
- 童年研究包括參與在社會中重建童年的過程。

他們也指出：「兒童的不成熟是生命的生物學事實，但了解這種不成熟並使其具有意義的方法是文化事實。」對 Cunningham（1995: 3）而言，「童年不能在與整個社會隔離的情況下進行研究」。在現代的文化裡，童年已成為一個具社會地位的正式類別，並被視為一個重要的階段發展。此地位受限於我們的社會制度、家庭、診所、幼年環境與學校等。Jenks（1982）以及 Hoyles 和 Evans（1989）推測，這樣的分析將「童年」置於社會建構中，而非自然的現象。

現代的概念將童年視為與成年有別的狀態。Aries（1962: 152）主張，直到十五世紀，兒童與成人之間才產生極細微的區別：「在中世紀的社會中，童年並不存在。」從十五世紀開始，兒童開始以兒童的身分出現，反映出他們逐漸脫離日常的成人社會。然後，隨著（歐洲）十九世紀末期

義務教育的到來,「童年」的特定類別因而產生、建構（Aries, 1962）,並制度化（Walkerdine, 1993）。

另一方面,Pollock（1983）表示,因過去社會沒有現代西方觀點中的童年,就認為當時的社會缺乏此概念是不對的。即使過去對兒童有不同的見解,這並不表示他們沒有被視為兒童。然而,他確實承認童年的特殊形式是具歷史特性的。童年的歷史研究發現,在英國,童年在十九世紀末到第一次世界大戰開始期間,被重新定義（Gittins, 1998）。這些研究顯示,兒童的經濟和情感價值有明顯的轉變。在很短的時間內,勞工階級孩童從分擔家計的角色,轉變為家庭中在經濟方面相對不活躍的分子,並被保護遠離困苦的成人世界（Cunningham, 1995）。Zelitzer（1985）表示,兒童對西方家庭無經濟上的貢獻,但情感上的貢獻則是「無價」。兒童的價值在於他們能為其父母的生活帶來意義和滿足感。

Alwin（1990）指出,童年種類的不同,來自於態度的轉變——兒童成為家庭的中心,促使父母與其孩子之間情感的結合。因此,對 Alwin 來說,童年的定義乃依據四項標準:保護、隔離、依賴,以及延遲的責任。此外,Gittins（2004）認為,兒童發展的概念有階級之分,反映崛起的歐洲中產階級的價值和習慣,使成人與兒童、男孩和女孩之間顯現出愈來愈大的差異。

因此,童年的觀點已經改變,而且持續在改變。影響童年的主要因素是:經濟、人口統計學、文化以及政治。1945年以來,由於西方的經濟狀況和義務教育延長至十六歲,造

就了包括服飾、音樂和電影的「青少年」文化。青少年的定義是根據他們潛在的消費能力，並和成年人一樣成為廣告行銷的目標。最近，更出現了一群「非小孩」（tweenagers 或 tweenies）（*The Guardian*, 2001），是指七到十二歲，已展現青少年特質的孩子。例如，那些七到十二歲通常會購買名牌服裝、化妝，並擁有手機的女孩。

數位科技對兒童生活造成的影響亦日漸受到重視（例如，Buckingham, 2000; Facer et al., 2002; Labbo et al., 2000; Luke, 1999; Yelland, 1999）。他們認為，考量個人電腦、電腦遊戲，以及像電子郵件等數位通訊科技，和網路的發展如何影響兒童的經驗，以及孩童與成年人之間的關係，是很重要的，但情況似乎並非如此。許多兒童成為利用科技的專家，結果能夠以不同的方式提取和運用資訊（見 Heppell, 2000; Luke, 1999）。Yelland（1999）亦認為，我們需要將兒童對電子媒體的觀點納入考量。

☉ 孩童參與共建他們自身的童年

兒童在生物學中清楚地被判定為年輕人，在社會上，「兒童」的定義亦受到時間、地點、經濟和文化的影響。成人在這種童年社會建構中扮演的角色，以及兒童在其生活中的作用受到爭議。例如，Mayall（1996: 1）認為：「兒童過的生活是經由成人對童年的了解所建構而成的童年，這就是兒童，而且本該如此。」目前，我們承認了兒童和成人之間關係在權力方面的重要性，以及這個關係對我們的研究、對

兒童的認知，以及對童年概念的影響（Riley, 2003）。正如
Connell（1987）所指出，權力有時包含對意識（意識型態）
的直接運用，即將權力的行為合理化。Canella（2001）主
張，成人／兒童的分類造成年齡上的歧視，讓成人的意義超
越兒童的意義。

　　Alderson（2005: 129）利用性別研究來辨識，並強調這
些成人的定義與所有兒童生活的概念之重要性。表 5.1 與兩
性被假設的特質有關，而且第一欄也可用來呈現兒童在傳統
兒童發展文獻與兒童成人建構中被理解與展現的形象。

表 5.1　「一半的人」

第一欄：女人	第二欄：男人
無知的	博學的
無經驗的	有經驗的
反覆無常	穩定的
愚蠢的	有智慧的
依賴的	保護的
不可靠的	可靠的
柔弱的	強壯的
不成熟的	成熟的
不理性的	理性的
無能力的	能幹的

資源來源：Alderson, 2005: 129

Alderson（2005: 131）主張：

- 兒童往往看起來柔弱與無知，因為他們處於無助的依賴狀態。
- 試圖轉移到第二欄的兒童可能會被處罰。
- 他們不准獲得知識與經驗。
- 為了自己，成人適合維持在第二欄。

　　然而，最近許多文獻的實例提倡對有能力的兒童持正面的看法，Alderson 主張，因兒童的年齡而強調其負面的刻板印象（依據表中的第一欄）是有問題的，尤其是指在較古老的研究上。

　　一項承認兒童力量的現代觀點，即兒童在其世界中理解並且行動的能力。這承認了兒童從出生即顯露非凡的能力。根據 Malaguzzi（1993: 10）對「優質兒童」（rich child）概念的報告，是指具有「豐富潛能、強壯、權勢、能力」的兒童。此觀點將兒童視為積極參與其自身童年（Riley, 2003: 15）。這種看法也宣稱雖然大人有權力，兒童也有權力抗拒該權力。Hendrick（1997: 59）強調兒童的力量。他主張童年概念的改變並不單單只是發生而已，它們在相互競爭，而且這些競爭者當中，競爭者並非只有幼兒自己。

　　Mayall（2002: 21）認為，兒童最好被視為少數的社會族群，而且她確定兒童的力量僅限於此少數狀態。然而，Mayall（1994, 2002）確實承認兒童扮演重要的角色，在家庭中提供支持、建立並維繫關係。「按照慣例以及與其互動的大

人的特定觀點」，她將兒童視為「行為者」（1996: 2）。最近許多作者（例如，Corsaro, 1997; Qvortrup et al., 1994）更進一步主張，兒童是建造其自身文化的積極行為者。兒童有其自身的活動，有自己的時間和自己的空間（Qvortrup et al., 1994: 4）。例如，Pollard（2000）關於英國小學兒童行為者的研究，顯示兒童如何試著透過其文化與同儕團體的支持來學習生存，並應付課業。「課餘時間」被視為特別重要的定點，為兒童文化提供了時間和場所（見 Blatchford, 1998）。

因此，兒童對自身童年的觀點顯得特別重要。如同 Lloyd-Smith 和 Tarr（2000: 66）所指出，英國《1989 年兒童法案》確立了兒童被傾聽的權利。重要的觀點在於兒童對自己日常經驗的看法。Qvortrup 等人（1994: 2）主張：「兒童經常沒有為自己發聲的權利，因為他們被視為自己生活中不可靠的目擊者。」Thomas（2001: 104）認為，傾聽兒童是很重要的，因為：

- 他們有權利被傾聽。
- 這可以促進他們的福利。
- 這導致更好的決定。

Thomas 主張，若假定他們有能力而非無能，兒童往往變得比他們被認定的更有能力且更熟練。他認為，假定他們有能力、尊重兒童的好處，以及他們希望傳達的，這在兒童照顧工作與社會研究中都相當明顯（2001: 110）。然而，Hill（1999）引述 Stainton-Rogers（2004: 140）指出，嘗試揭

露父母被視為服務使用者的觀點只是最近的趨勢，在社會照顧中，和兒童商量甚至是很少見的情況。

Stainton-Rogers（2004）探討不同的親子觀點。顯然從對兒童的訪談中（Pollard, 2000; Mayall, 2002, etc.），父母的優先考量與兒童非常不同。Stainton-Rogers（2004: 140）以父母對學校的看法為例，父母關切的是表現和外觀（「排行榜名次」與實質環境），而兒童關注的是社會互動和自尊（受到尊重且不受欺凌）。父母關心孩子面臨外界來自交通、被陌生人誘拐和街頭暴力等威脅——但是，小孩最關心的是與同儕之間的緊張與衝突。例如 Carr（2001, *Children's Learning Stories*）以及 Clark 和 Moss（2001, *The Mosaic Approach*）的研究和文獻便證實了傾聽兒童的價值與效力。

MacNaughton（2004: 46）提出：「兒童表達自己的意思，但卻非在自己選擇的情況下。」MacNaughton（2004: 47）找出四種影響兒童的「力量條件」：

1. 已存在文化意象與文化意義的力量。

2. 期望的力量。

3. 立場的力量。

4. 市場的力量。

MacNaughton 主張，兒童進入一個每項力量條件都已實現的已存在世界。例如，她討論兒童的娛樂和玩具工業，顯示兒童如何透過全球資本形成的物質文化來建構他們的意義。然而，如同 Riley（2003: 14）指出，兒童是著重在衣服、玩具、書籍和電子與數位媒體的數百萬元美元兒童工業

中，具有影響力的消費者（見 Luke, 1999; Buckingham, 2004）。

因此，雖然在當代文獻中，有一些關於成人力量對童年影響的爭議，兒童被視為主動參與自身生活的共建。因此，一項童年的現代解釋試圖理解兒童給自身生活的定義與意義，並承認兒童理解且影響其世界的能力與才能。

兒童對家庭、社區及文化的參與對他們的生活產生特殊貢獻

最近許多關於幼兒領域的文獻主張，需要考量童年更廣泛的政治、社會及文化背景。Bronfenbrenner（1977）承認有一系列的背景因素會直接和間接影響兒童在其生態系統概念的發展（見 Berk, 2000，有更詳細的討論）。生態系統理論（ecological systems theory）將兒童的發展視為多層次的，而且這個模型的好處是，它將兒童與兒童的經驗置於發展過程的核心。由於這是個有用的架構，可用來意指影響兒童的背景，而不是兒童的參與。這並沒有充分表達出自主性與共建。

最近支持社會文化或「情境觀點」的重要研究成果，如 Rogoff（1998, 2003），將在這裡進行簡單的探討（學習的社會建構在第七章有更詳細的討論）。社會文化觀點改寫和鞏固了 Vygotsky 的想法（1978, 1986），並在學習的合作性質與知識的社會建構中，提供了珍貴的新洞察。這在幼兒領域特別具有影響力。此觀點考量到的不只是兒童，也包括兒童所參與和共建的社會、歷史、制度及文化的因素。它認清人

類活動大大受到背景（context）的影響，包括人為產物或其他人。社會文化方法亦強調帶來共同理解與知識發展的知識共建與分配（Greeno, 1997; Lave, 1988; Edwards & Mercer, 1987; Rogoff, 1990; Pea, 1993）。因此，兒童不被視為個別的學習者，而是一系列有意義且具教育性的社會實踐中的參與者。學習與發展就家庭和人與人以及社區過程的關係看來，是不可分割的。這是動態且進化的文化背景，在其中研究與其他人分割的兒童是毫無意義的。因此，與「獲得」對比的「參與」，在這裡是一個關鍵的概念。

我們仍在試圖了解兒童與童年

如上所述，若兒童是動態且進化的文化背景中積極的參與者，那麼我們將不斷試圖理解兒童與童年。此外，科技的變遷以及調查研究的新途徑，也形成知識與理解的新領域。過去十年，在幼兒進化方面獲得可觀注意的是幼兒的腦部發育（BERA SIG, 2003: 18）。接著，近來電腦科技的進步帶來了腦部造影技術的發展，例如，功能性磁振造影（fMRI）和正電子放射斷層當影術（PET）掃描，神經科學家已經能夠測量腦部的活動，並繪製腦部成長的圖像（Blakemore, 2000）。然而，關於這項神經科學研究在教育與幼兒方面的意涵始終備受爭議（BERA SIG, 2003: 18）。

此研究有效地顯示出幼童的腦部發展有相當迅速的成長，特別是三歲以下的兒童（Riley, 2003: 3）。腦部早在懷孕後的第三週（27 天）時，就已經出現並迅速地發展，到了

懷孕的第七個月結束時，嬰兒的腦部已經具有所有成人腦部的神經元，以及許多備用的空間（Catherwood, 1999）。關鍵在於突觸——交換訊息的細胞（神經元）連結。大部分突觸的發展從二到四個月開始，以至於六個月的嬰兒比成人擁有更多的突觸。環境的刺激導致「學習」，不論是透過穩定腦中已存在的網絡，還是打造新的網絡。大腦發展連結（或是突觸）的能力被稱為可塑性（plasticity）。近來腦部的研究（Blakemore, 2000）顯示，三歲以後一直到十歲，可塑性會持續以更緩慢的速度成長。

爭論主要圍繞在學習「關鍵期」的可能性，即可塑性最大的時期。爭執點在於，若兒童在這些關鍵期中缺乏某些經驗，那麼他們將永遠錯失從經驗中受惠的機會。因此，有些學者（例如，Brierley, 1994; Sylwester, 1995）提倡「溫室教育」。舉例來說，開始對三歲以下的兒童教導音樂，因為大腦非常能夠接受早期的學習（見 Blakemore, 2000）。然而，Bruer（1997）主張，建立認知神經科學與教育之間的連結是「過早的橋梁」；而且 Blakemore 和 Frith（2000: 2）指出，腦部研究不必建議急於早點開始學習的需求——實際上，此項研究可能贊同從後期才展開學習。

由於幼兒腦部活動與成長的新資訊，一項重大的主張承認了幼年經驗的品質對兒童後來發展的影響程度。因為絕大多數的突觸是在生命開始的前三年中形成，然後在十歲之後開始減少，因此，前三年被視為關鍵。然而，現在主張突觸發展的前三年是理想的「機會之窗」，此時的腦部極度靈

活。因為，個人的能力在剛出生或是生命開始的前三年時還沒有固定（Bransford et al., 2000）。

Bransford 等人（2000）檢視美國認知科學十六位主要研究人員的研究。根據 BERA SIG（2003: 18），此證據的關鍵結論顯示，學習改變了腦部的構造：學習能夠組織並重組腦部，而且腦部的不同部位可能已經準備好在不同的時間學習。因此，雖然某些種類的學習有其黃金時期，大腦仍有非凡的變化能力。

BERA SIG（2003: 19）也有效地總結腦部研究的證據，並與以下的心理研究相符：

1. 幼兒周遭發生的一切體驗將令大腦產生改變。
2. 嬰兒看到、聽到、摸到和聞到的一切，影響了腦部細胞間發展的網絡連接。
3. 他人扮演至關重要的角色。
4. 嬰兒和幼童具有強大的學習能力。
5. 他們實際上參與著自己大腦的建造。
6. 徹底貧乏的環境可能會影響發展。

ⓒ 總結

本章定義並討論了五個當代童年的關鍵原則，這些原則清楚闡明了基本上不同於狹隘的發展方法的複雜童年模型。此模型承認童年是多元且多變的，依階級、種族、性別、地理環境和時間，而有地方性的變化和全球的形式。此模型也認為，雖然有多種童年觀點，忽略或不顧發展的觀點是不對

的。童年的觀點已經改變而且仍持續改變。修習幼兒課程的學生必須了解，兒童發展理論如何且為何是某些歷史、文化和經濟條件的產物。有些理論的觀點特別適合用來解釋某些隨著時間的發展和改變，但兒童「發展」的複雜連結性質需要獲得認可。發展心理學應連同童年的社會學、歷史學和人類學的原因一起進行研究。

然而，當代與傳統童年觀點的關鍵相異處在於，前者承認兒童生活背景的不同，以及透過對家庭、社區和文化的參與，兒童從事共建其童年的力量與重要性。

在辨識兒童研究的一百五十年之後，我們至今仍在試圖理解兒童與童年、成人的力量與兒童的能力決定了他們自己的未來。兒童觀點的更為鞏固，新科技對兒童生活的影響與研究方法，將帶來更深入的洞見，強化我們的理解，並清楚闡明關於幼兒的新理論。

問題回應與討論

一、兒童如何塑造他們自身的發展？

二、改變如何發生？

三、兒童如何各自變得與眾不同？

四、你如何能發現？

五、我們應該如何看待不承認多元且多變的童年理論，以及兒童與成人間的權力關係？

推薦閱讀

Dahlberg, G., Moss, P. and Pence, A. (1999) *Beyond Quality in Early Childhood Education and Care: Postmodern Perspectives*. London and New York: RoutledgeFalmer.

James, A. and Prout, A. (eds) (1997) *Constructing and Reconstructing Childhood: Contemporary Issues in the Sociological Study of Childhood*. London: RoutledgeFalmer.

MacNaughton, G. (2003) *Shaping Early Childhood*. Maidenhead: Open University Press.

Penn, H. (2005) *Understanding Early Childhood*. Maidenhead: Open University Press.

Rogoff, B. (1990) *Apprenticeship in Thinking: Cognitive Development in Social Context*. New York: Plenum Press.

第 **6** 章

兒童健康

Sharon Smith、*Tania Morris*

　　此章主要討論英國兒童的健康狀況，從健康的全
面性來考量，探討兒童身體、情感與心理健康。相關
的社會政策、社會經濟的影響，包括 2004 年全國服務
架構（National Service Framework）關於兒童的部分都
納入考量。本章以個案研究與實際案例來說明各項健
康計畫的實施。

根據證據顯示，現在的兒童普遍比過去健康，儘管此項改善的情形，因來自英國境內不同種族之貧富家庭的兒童之間持續且徹底的健康不平等而有所差異。健康的寶寶來自健康的媽媽，健康的寶寶會長大成為健康的兒童與成人；許多可預防的成人疾病和不健康源自於懷孕期、嬰兒期與兒童期。

兒童健康為近來政府措施的主要焦點，而且不只是優先考量健康方面的服務，亦相當重視社會服務與教育方面（Hill & Morton, 2003）。許多對兒童健康的關注，是因為希望影響到往後的成人健康。現今看來，許多成人時期嚴重且具威脅性的疾病，是源自於兒童期的生活型態，包括飲食、運動、酒精與物質的使用，而這些疾病根源則來自兒童期（Rigby, 2002）。飲食習慣、玩樂、工作、旅遊與休閒活動的改變，都會導致不健康的生活型態，因為部分兒童會將習慣持續到青春期及成人期（DoH, 2004）。

與成人相較，兒童和年輕人較常使用各種類型的醫療資源。通常，學齡前兒童一年內大約會看六次家庭醫師，學齡兒童則為二至三次。超過二分之一的十二個月以下嬰兒與四分之一較年長的兒童會到急診室。然而，兒童有 80%的疾病並沒有透過專業的醫療系統處理，而是由父母自理。因此，強調健康的促進與支援，對家長而言是相當重要的。

最近針對兒童、青年與孕婦所發布之「全國服務架構」十年計畫（DoH, 2004），意欲促進長期並持續改善兒童健康。該項計畫為政府解決兒童貧困問題的全面性計畫之一，

此部分在本章中有更深入的探討。該計畫意欲帶來文化的轉變，形成專為使用這些服務的兒童與家庭需求所設計並提供的服務，而非針對機構的需求。以下為三項關鍵目標：

1. 以兒童及其家庭為醫療的重心。
2. 發展有效的合作關係。
3. 提供需求導向的服務。

　　全國服務架構（National Service Framework, NSF）的主要角色是協助完成以下由「每個孩子都重要」（Every Child Matters）所確認之成果（DES, 2004e）：

- 健康。
- 安全。
- 享有與實現。
- 創造正面的貢獻。
- 享有經濟的安康。

　　服務機構經常忘了將兒童視為一個「整體」，與成人具有不同的基本發展、身心與社會需求。將兒童視為一個整體，即承認不管在任何環境，健康的保護與促進及疾病預防，在兒童照護中是一個整體。兒童生存的環境包括家人、朋友及學校，因此，很重要的是，切記理想的兒童照護將可避免兒童曠課，以及社會功能、友誼等相關問題。

　　本章節將檢視促進兒童健康與疾病預防的重要部分，並討論基層健康照顧的醫護人員與教育學家所扮演的角色，同時相信健康與教育兩者對兒童目前與未來安適的影響。尤其

是特殊情況下,將對家庭的支持與雙親有效的介入進行探討。愈來愈多的證據顯示,家人關係、雙親行為與兒童行為問題之間具有很高的相關性(Johnston et al., 2004)。一般廣泛地認為早期療育較有效,而且健康探訪員與學校護士以戰略性的重要位置來提供行為療法,而且較心理衛生機構容易為家庭所接受。

基層健康照顧之醫護人員角色

身為重要的公共衛生、基層照顧醫療業者,健康探訪員與學校護士在改善兒童健康及處理不平等上扮演重要的角色。在 1998 年「生命存續:更健康的國家」(Saving Lives: Our Healthier Nation)及 1999 年「創造不同」(Making a Difference)中,凸顯出他們貢獻的重要性,主張他們是與兒童、家庭與學校合作,並以兒童為中心的公共衛生角色。

健康需求會因個人與家庭健康計畫而不同,例如,餵食母乳的支援或產後憂鬱的諮詢。相關措施,以及推動像是「安穩起步」計畫、雙親專線,與健康相關網站,能夠為家庭健康的需求帶來正面的影響。社區發展方案能夠符合地方健康的需求,並促進社區的參與,例如,戒菸、學校健康計畫與安全方案。

個案研究

一位教師發現,一名患有濕疹的學生不願意參與學校的游泳課程,因為他抱怨之後會感到不舒服。學校護士在兒童健康

計畫中發現，游泳會加劇他的症狀，而且讓他無法專心在課業上。於是，學校護士、家長與老師一起討論如何提供更多時間與支援，好讓他能夠仔細地擦乾皮膚，並擦上護膚乳液。他們同意在接下來的兩週評估此計畫的效果。

在討論家庭議題時，有家長透露一位較大的學童缺席當地醫院的尿床門診預約。從數個兒童健康計畫中，學校護士了解這是門診難以觸及的問題，而且年輕人不想為了治療而缺課。進一步的研究指出，在當地社區集合是可行的。結果在地方發展出一項由護士主導的服務，並提供建議、週期性的檢查，使門診的重新安排變得更加便利（DoH, 2001a）。

健康探訪員的角色

健康探訪員與個人、家庭及社區共同合作促進健康已經有其根深柢固的傳統。Cowley 和 Houston（2003）認可以下不同的要素：

- 符合社區水準之公共衛生計畫。
- 社區發展。
- 團隊工作。
- 家庭與個人之健康預防與促進。

他們負責當地所有家中有五歲以下兒童的家庭，藉由結合個體的家庭訪問、門診接觸與社區性活動，來提供他們的服務。

◎ 與家庭同心協力

　　各種不同形式的家庭是社會的基礎單位，也是大多數健康照護與預防工作發生的地方。健康探訪員在促進家庭健康與協助家長的部分，永遠扮演極其重要的角色。1998 年「埃奇森報告書」（The Acheson Report）與 2000 年「國民保健計畫」（NHS Plan, 2000）認為，與家中有幼童的家庭合作，幫助最貧困階級增加千載難逢的機會是很重要的。1998 年「支援家庭」（Supporting Families）也強調健康探訪員在改進兒童與家庭之健康與安適的支援角色。

　　「家庭健康計畫」（Family Health Plan）（DoH, 2001b）支援這項工作，並提供工具來評估家庭健康的需求，以及符合這些需求的規劃服務。家庭健康計畫是促使家庭思考其健康與養育兒女之需求的核心工具。服務機構經常忽略兒童是個基本發展、身體、心理與社會需求與成人截然不同的整體。將兒童視為整體，也意味著承認不管在任何環境下，健康防護與促進及疾病預防對其照護都是不可或缺的。

　　此計畫需找出：

・家庭的健康需求。

・他們希望如何進行。

・行動方案（包含多重專業援助）。

　　健康探訪員企圖在社區與個人之間的健康需求取其平衡點，並與其他機構及部門合作，來提供規劃服務與促進健康。該計畫的內容將形成健康的關鍵進行探討，進而促進地

區的架構。

☉ 學校護士的角色

　　學校護士在改善健康與處理不平等方面扮演重要的角色。「生命存續：更健康的國家」（1998）與「創造不同」（1999）突出其貢獻的重要性，指出學校護士是與兒童、年輕人、家庭及學校合作，並以兒童為中心的公共衛生角色。

　　學校護士能夠對學區的健康需求提供獨特的見解，並可提供一系列的健康改善活動，包括：

・免疫與預防接種計畫。
・針對兒童健康問題為老師及其他學校人員提供支援與忠告。
・提供正面心理健康的援助與諮商。
・個人健康、社會教育課程與公民訓練。
・對人際關係與性教育提供建議。
・與家長及專家合作來滿足一系列健康與社會的需求。

個案研究

　　一份學校健康調查顯示，兒童需要更多的活動，學校護士指出，若兒童不愛活動，則當地慢性心臟疾病的比率就高。而教育發展計畫也指出，行為管理是一項需要著手的問題。學校護士開始與體育教育專家合作，訓練非教學人員於課餘時間提供傳統與活潑的遊戲。兒童表示，他們喜歡體能活動，而且教職員觀察到課堂上的專注力有顯著的改善。進一步的評估顯示，課餘時間的行為管理意外事故也減少了（DoH, 2001a）。

全國服務架構（NSF）基層醫療基金會（Primary Care Trusts），以及像國家健康學校標準（National Health School Standard, NHSS）等，提供服務的新模式，讓學校護士有機會專注在會影響兒童與青少年健康最重要的問題上，並與居民團隊合作以達最大需求。國家健康學校標準（1999）是政府提升教育成就與消弭不平等的策略之一。

小學／基層醫療連結計畫（Primary Schools/Primary Care Health Links Project）特別著重在促進基層醫護專業人員支援兒童的學習，以及地方學校健康計畫的發展。

何謂健康的學校？

> 健康的學校了解以健康的投資來協助提升兒童成就水準並改善標準是很重要的。藉由提供容易取得的相關資訊，促進身體與情緒的健康，並使兒童具備根據自我健康做出精明決定的技巧與態度。該學校亦承認提供有助學習的身體與社會環境之需求。（NHSS, 2001）

一項關於健康學校的系統性檢視（Lister-Sharp et al., 1999）推斷，以學校為基礎的健康促進方案能夠為兒童的健康與發展帶來正面的影響。

促進兒童健康

許多因素都會影響兒童的健康，不只是父母生物上與生活型態上的問題，還包括失業、低收入與簡陋的居住條件。促進健康可被定義為：「用來改進身體與心理健康或預防疾病的任何有計畫且審慎的介入。」（Hall & Elliman, 2004）

以下將探討許多促進兒童健康的活動，包括：免疫、營養、體能活動與心理健康。

免疫

保護兒童抵抗傳染病始終為公共衛生工作的基石（Diggle, 2004）。醫護專業人員扮演重要的角色，以提供父母實證的建議，以及有彈性、便利且優質的免疫設施，來確保兒童受到保護。在醫療宣傳活動中，醫護專業人員對免疫活動的參與是很重要的，因為有些相關活動令人困惑，而且經常講述資訊貧乏的可怕後果，以致近年來接種疫苗的人數降低（Macdonald, 2004）。其他與低接種率相關因素的例子，包括家庭規模（Taylor, 1993）、單親（Sharland, 1997），及鄉村地區的交通問題（Wilson, 2000）。

父母對 MMR 混合疫苗的信心重建需要相當多的時間與努力。許多專業人員相信，有必要更廣泛地宣傳研究成果，以提供重要的證據來證實自閉症與 MMR 之間是沒有關聯的，並使從業人員與家長能對該危機做出正確的評估。表6.1 為兒童接種疫苗的時間表：

表 6.1　兒童接種疫苗時間表

年齡	疫苗
兩個月	白喉／破傷風／百日咳／小兒麻痺／ Hib（B 型流感嗜血桿菌）（四合一疫苗） 腦膜炎球菌（單獨注射）
三個月	白喉／破傷風／百日咳／小兒麻痺／ Hib（四合一疫苗） 腦膜炎球菌（單獨注射）
四個月	白喉／破傷風／百日咳／小兒麻痺／ Hib（四合一疫苗） 腦膜炎球菌（單獨注射）
約十三個月	麻疹／腮腺炎／德國麻疹（三合一疫苗）
學齡前追加劑（三歲四個月到五歲間）	追加白喉／破傷風／百日咳／小兒麻痺／ Hib（四合一疫苗） 第二劑麻疹／腮腺炎／德國麻疹

營養

　　兒童現階段的營養與成人時期有害的健康結果之間的關係，愈來愈受到關注（Hall & Elliman, 2004）。在兒童時期所攝取的食物會影響健康，例如：成人時期罹患慢性心臟疾病、糖尿病、癌症以及腸胃症狀，是受到幼年時不良的飲食習慣所影響。近來研究指出，兒童的過胖導因於高脂、高糖與少動（Gregory, 2000）。許多不適當的飲食習慣已知也會對鐵質的狀況（缺鐵性貧血）與牙齒健康帶來有害的影響。蛀牙常導因於在正餐之間攝取過量甜食、餅乾與含糖飲料，

特別是瓶裝飲料。健康探訪員扮演重要的角色，提倡母乳餵食，並透過斷奶後均衡多樣化的飲食確保兒童的發育（Parry & Jowett, 2001）。

學校護士能改善學齡兒童的營養。在國家健康學校標準裡，營養是重要的主題，例如，國家水果學校計畫（National Fruit School Scheme）使所有兒童都在學校裡攝取水果。另外，在「喝水最酷」（water is cool in school）活動中，在學校中能輕易取得飲用水為其推廣活動之一部分。

雖然專家建議每天至少要攝取五份蔬果，但現今的英國兒童平均每天僅攝取兩種蔬果（MAFF, 1997）。White（2003）的研究表示，攝取蔬果的主要障礙為缺乏取得管道、低收入、運輸問題，及缺乏準備與烹調的知識和技巧。Hall 和 Elliman（2004）認為，有必要在學校鼓勵提倡相關的方案，例如：有計畫地將兒童納入早餐俱樂部、食物生長計畫。

個案研究

一份健康學校調查指出，食物問題為改善健康的首要考量。學校的簡介顯示，從幼年時開始蛀牙發生率偏高。學校內33%的兒童攜帶盒裝午餐。學校護士與午餐幹部監控一週的午餐時間，他們觀察到有70%的飲料為高糖物。近年來，因孩童抱怨學校的牛奶不夠冷而使銷售量下降。因此，健康學校團隊設定目標，要在三學期內降低盒裝午餐中50%的高含糖飲料。學校護士帶頭與家長、兒童及校外機構合作，以達成該目標（DoH, 2001a）。

提倡體能活動

　　兒童的活動程度似乎愈來愈低,尤其是女孩。因此,國家健康學校標準(NHSS)建議,每名學童不論能力的資歷、在全國性課程內或外,每週要有兩小時的體能活動。Hall 和 Elliman(2004)則建議,可以實施措施來提升運動水準,並降低過胖的風險,其中包括:

· 使學校活動場所更安全也更有趣,如此兒童方能更積極活躍。

· 增加運動的機會(例如,投資道路安全計畫來推動步行、單車,及免費或是費用低廉的運動設施)。

· 提倡降低交通速度,並引進交通寧靜設施或車輛改道,讓兒童能在戶外玩耍。

· 減少觀看電視。

· 增加負擔得起的便利戶外設施供兒童及青少年使用(如游泳池、溜冰場及俱樂部)。

　　定期的體能活動對兒童的健康相當有助益:

· 降低成人心臟疾病與骨質疏鬆的危機。

· 降低高血壓。

· 在降低肥胖方面發揮重要功能。

· 提升學業表現。

· 提供有助於體能活動的重要社交機會與態度(DoH, 2001a)。

兒童的心理疾病

所有兒童在成長過程中，時常會感到悲傷、焦慮、生氣或是心煩意亂。有些兒童能夠將他們的感受說出來，有些或許會以情緒化的行為表現出來，或是變得難以控制。然而，有時候，情感、行為或是社交關係的異常可能會導致潛在的嚴重問題，使兒童理想的身心發展遭受危險，造成兒童的家庭受到干擾，甚至在某些情況下，會對地方社區造成影響（DoH, 2004）。研究顯示，五到十歲的兒童有10%可能歷經某種程度心理或情緒上的問題（Meltzer et al., 2000），許多兒童需要專業的協助，部分兒童則持續經歷這些問題一直到成人時期（Caspi et al., 1996）。

造成兒童心理健康問題的因素相當多變。有時一個直接的原因是與兒童的心理健康問題相連結；在其他案例中，兒童的問題可能是多重因素造成。像出生前、生產時或是出生後的腦部受損，先前的身體疾病、基因或是生物學缺失等誘發因素或許是明顯的。但促發因素也可能增加兒童對心理健康問題的感染性，這些因素或許包括：雙親的衝突、家庭破碎；身體、性或情緒上的虐待；失去親人或朋友、被拋棄、敵對關係或歧視（Public Health Institute of Scotland, 2003）。研究指出，持續因子也會增加兒童在經歷情感困境時的脆弱度，例如經濟劣勢（Maughan et al., 1999）、無家可歸（Craig & Hodson, 1998）、雙親的精神疾病（Carr, 2000）、家庭暴力（Abrahams, 1994; Webb, 2001）與酗酒（Velleman & Temple-

ton, 2003）。然而值得注意的是，在一些案例中，較不明顯的創傷事件，像是搬家、家中新成員的到來，或是讓小孩長時間與不熟識的人相處，也會導致小孩長期的憂傷。

由此可證，所有兒童與青少年都必須處理一系列會使他們的心理健康產生危機的因素，例如喪親、離婚，以及分離。然而，有些人指出，有些兒童的恢復力來自其環境中的保護因子，如：慈愛的雙親、特別的老師、強大的社群（Public Health Institute of Scotland, 2003）。一些缺乏這些保護因子的兒童，其恢復力則持續令專家受挫。

兒童的心理疾病呈現出多種樣貌。例如，有些心理問題的共同表徵是食欲、睡眠與排泄問題，包括過度的「依戀」、哭泣、喪失信心、退縮和無法專心。心理問題可能以像是頭痛或是胃痛的方式展現。行為問題也可能發生，例如苛求或破壞性行為、笨拙、粗心大意或易怒、發脾氣或是過動，這樣的小孩會很難控制。學習障礙是可以察覺的，所有歷經這種痛苦的兒童認為這很難說出口，因而經常透過行為來表達他們的感受。例如，學齡兒童可能會對課業與活動失去興趣而拒絕上學，曠課可能是兒童不快樂的象徵。

值得多加關注的嬰兒並不會出現典型的心理疾病與疾患，然而他們會出現不良的睡眠型態、餵食困難、心神不定與胃部不適。這些跡象可能表示嬰兒是焦慮、緊張、痛苦與害怕的（Young Minds, 2003）。研究人員表示，這些情緒必須由他們所依賴的人以愛及同理心回應（Dwivedi & Harper, 2004）。

像大人一樣，兒童的心理疾病會以紀錄徵兆，及顯示特定失調的症狀來診斷。經常出現、持續一段時間，在特定年紀出現，或導致兒童與家庭的運作功能明顯的瓦解行為就是症狀。首先，兒童的醫師必須先排除生理疾病；再來，按照兒童的症狀來分類或診斷病情，以便提出治療計畫。下面簡述常見的兒童心理健康問題分類（請注意此列表並未詳列）：

分離焦慮症（separation anxiety disorder）／**焦慮症**（anxiety disorders）──與離家或是與兒童依戀的對象分離所產生之不適當和過度的焦慮（依附障礙）。患有焦慮症的兒童對特定事件或狀況會產生害怕與恐懼，以及像是心跳加快與出汗（恐慌症或畏懼症）等焦慮或緊張的生理徵兆。

注意力缺失與決裂性行為疾患（disruptive behaviour disorder）──有這些失調行為的兒童傾向藐視常規，而且經常在像是學校等結構化環境中具破壞性。因適應不良而無法專注（注意力缺失或過動障礙）等相關行為；侵犯他人之基本權利（品行疾患或對立反抗症）。

廣泛性發展遲緩（pervasive development disorders）──具此疾患的兒童之思考是混亂的，而且難以了解周遭的環境（自閉症）。

餵食及飲食疾患之嬰兒與幼童──包括強烈的情感與態度，以及與食物或體重有關的不尋常行為。

排泄異常──這些影響到與身體糞便（大便失禁）與尿液（遺尿）排泄有關的行為。

抽搐──此種失調導致一個人展現並重複快速而不由自主,且經常無意義之動作與聲音,又稱痙攣〔妥瑞氏症(Tourettes disorder)〕。

為了治療兒童,必須投入兒童心理、社會與教育層面的問題(DoH, 2004)。兒童的精神科醫生、輔導員、精神治療師、教育與臨床心理師、社會工作者及其他專業工作者合作,制定強調實證治療法的療程,目標是為兒童及其家庭的獨特需求提供彈性的個人化服務(Carr, 2000)。療法因人而異,可以使用藥物治療,而且對某些兒童心理健康問題是有效的。心理治療可以包括認知行為治療;團體治療或家庭治療可以用來對心理疾病做出情緒上的回應。創造性療法如藝術治療或遊戲治療,對於在溝通思想與情感方面有困難的兒童或許會有幫助。在很多案例中,成功的治療法介入將確保心理疾病惱人且傷殘的影響降至最低,而且最終能達到預防的效果。

總結

本章節提供包括促進兒童身心健康的活動概要,強調與兒童及其家庭合作的全策略的重要性。一系列醫護專業人員的角色皆被考量在內,以試圖達成三項主要的健康目標:

・促進健康與發展。
・缺陷與失調的辨識。
・預防與發展社區的公共衛生方法。

　　各種技巧與廣泛的活動可用來促進兒童健康，該項工作的重心為支援家長的需求。這往往透過融入基層醫療服務的早期培育、家庭訪問計畫與「親職教育計畫」來達成。

問題回應與討論

一、我們如何提供兒童一個導向健康生活型態的技巧？

二、我們如何促進對影響終身健康的問題與行為的全面性了解？

三、你在提倡免疫裡扮演什麼樣的角色？

四、你是否把體能活動視為重要課程的一部分且提供一系列的選擇？

五、兒童的心理健康為何直到最近才受到重視？

推薦閱讀

Department of Health (2004) *National Service Framework for Children, Young People and Maternity Services*. London: HMSO.

Dwivedi, K. N. and Harper, B. P. (2004) *Promoting the Emotional Well Being of Children and Adolescents and Preventing their Mental Ill Health: A Handbook*. London: Jessica Kingsley.

Hall, D. and Elliman, D. (2004) *Health For All Children* (4th edn). Oxford: Oxford University Press.

Young Minds (2003) *Tuning in to Our Babies: The Importance of the Relationship Between Parents and Their Babies and Toddlers*. London: Young Minds.

第7章

兒童的學習

Tim Waller、Ros Swann

　　本章著重於兒童如何學習，提供傳統學習理論的簡短回顧，再來仔細考量學習的關係與傾向。本章特別從社會建構觀點探討近來學習理論的概要，包含 Carr、Rogoff 與 Vygotsky 的研究，並檢視兒童的遊戲，以及微妙的成人互動與鷹架支持如何能致力於成功的學習。人際關係，特別是與雙親或照護者的關係，在兒童的學習與健康上都相當重要。本章主張現代學習理論對幼兒教育及學校學習具有重大意義。

本章介紹學習的理論，確定兒童如何理解現實，並在社交世界中製造意義。本章簡短地考量著重在個人認知建構（Skinner 和 Piaget）的知名學習模式，然後更充分討論將兒童視為主動的認知共建者（Bruner、Carr、Donaldson、Laevers、Lave Rogoff 和 Vygotsky 等）。本章亦討論近來關於學習關係、傾向、遊戲與戶外學習的文獻。學習是全面性的考量，而非只是學校的課程（見 BERA SIG, 2003; Siraj-Bla-tchford, 2004）。然而，本章介紹的學習概念確實意指學校中的學習與教學，並鼓勵讀者在之後對此進行思考。此外，本章不設限地對兒童如何學習語言進行詳盡的考量，但要記住，世界上大部分的兒童是使用雙語或多語言的（超過70%）。了解並使用一種以上的語言能力，一般而言會對學習帶來相當大的好處（見 Brown, 1998; Gregory, 1996; Riley, 2003）。

　　學習能夠以相對來說直接的方式被定義為：終於知道某事，獲得知識與技巧的過程。Smidt（2002: 2）指出，學習的條件可以非常精確地表示為「細胞間建造並加強的連結」。例如，Bennett 等人（1984, cited in Moyles, 1997: 16）提出更詳盡的模式。他們提出的觀點是學習者展現出以下的能力：

・獲得新的知識與技能。
・在不同的情境下使用已知的知識與技能。
・認識並解決問題。
・實踐他們所知道的。
・修正並重演他們所知以便保存在記憶中。

　　然而，儘管承認學習會帶來理解上的改變，形成新的知識與技能，近來在幼兒方面的文獻與研究著重在較廣泛的觀點，即涉及脈絡與人際關係的學習。如 David（1999: 10）主張，學習深植於熟悉的環境與經驗，包括學習的態度，以及視自己為學習者。因此，當代關於學習的著作強調學習的社會本質，將兒童視為社會過程中主動且平等的夥伴（例如 Radford, 1999: 107），並認識自尊的重要性與意義（例如 La-evers, 1994; Roberts, 2002）。

◎ 傳統的學習觀點

　　大多數兒童相關著作（例如 Kehily, 2004: 5）認同兩大主要的根本主題，已經影響並持續影響我們對兒童及兒童學習的觀點。這些觀念源自十七世紀末與十八世紀早期的「啟蒙時代」哲學家的作品（MacNaughton, 2003: 16）。首先，浪漫主義的觀點或論述是受到法國哲學家盧梭（Rousseau, 1712-78）的影響，宣稱兒童生而天真、單純，只有暴露在外界才會受到汙染。盧梭相信，催促兒童以成人的方式思考可能會對兒童造成傷害，而遊戲是七歲以下幼童自然的傾向，應予以讚揚與保護。其次，另一個論點源自洛克（Locke, 1632-1704）的概念，他主張兒童生來就像一張白紙（tabula rosa）、「空白的石版」或空管子，被動地等待來自成人的教育，並填滿「知識」。童年與童年時期的學習基本上被視為成人生活的預備期。從當代的觀點來看，此二學說的重大缺失是似乎未給予兒童任何自我學習的力量，而且不

完全承認學習的背景、學習的關係,以及成人與兒童間的權力關係(relations of power)(例如 Walkerdine, 1993; Silin, 1995)。

　　然而,這些根本的論點透過「常識性」的觀點、兒童發展理論,對我們的認知及幼兒實踐帶來持續的影響。例如,Riley(2003: 15)探討浪漫主義的觀點如何導向兒童的情感觀點。如 MacNaughton(2003: 17)所指出,浪漫主義的信念仍如常識性觀點廣為流傳,像是「幼年經驗決定未來」、「發展中的兒童是不完全的成人,而且異於成人」,以及「我們都循序漸進地邁向成年」。此外,洛克的概念依舊透過像是「我們可以決定自己的未來」、「各年齡層的人皆以相同方式學習」,以及「有效的學習是有順序且具有結構的」等例子,影響兒童的觀點。雖然他們的年代與哲學基礎各異,盧梭與洛克的理論影響了由發展心理學所形成的所謂「科學」認知。Woodhead(2003)主張,在二十世紀初,發展心理學成為研究兒童的主流典範(見第五章)。基本上,這包含西方幼兒期的轉變與階段紀錄(Kehily, 2004)。

　　MacNaughton(2003: 15)主張,Gesell 的成熟主義(maturationist)觀點直接受到浪漫主義純真的概念以及自然的重要刺激所影響。Gesell 的觀點是兒童會藉由遺傳基因上的結構,自然朝成年期邁進。例如,早期身體發展的特性經常從坐起(約六個月大)、爬行(六至九個月大)與行走(十二到十五個月大)開始發展。然而,成熟主義的觀點並不完全承認個人與文化的差異。全世界的文化因成人或較年長之兒童照顧幼兒的方式有所不同,而這會對上述的生理發展順序

產生影響（見 Smith & Cowie, 2003）。此外，例如 Watson 與
Skinner 的行為主義論便深受洛克的影響（見 Berk, 2000）。
行為主義論者相信發展是由兒童的生理與社會環境決定，而
且若成人或環境加以強化，兒童較有可能重複這項行為。如
MacNaughton（2003: 26）所指出，行為主義論對兒童發展以
及許多幼兒教育家的學習觀點有很大的影響。許多兒童發展
相關書籍，特別是美國著作，仍以此觀點進行書寫（見第五
章）。然而，如 Hargreaves 和 Hargreaves（1997: 30）指出，
行為主義論無法充分解釋較複雜的學習與行為，意即兒童無
明顯的強化作用卻產生之行為，像是移情作用與語言的產
生。著名的例子來自作者的女兒愛咪，在她三歲兩個月時，
愛咪對一場滂沱大雨發表如下的意見：

> 「雨咯咯地下。」
> 「妳是說雨降下來嗎？」
> 「不是，是雨咯咯地下，因為這是好玩的雨。」

現代學習理論的概念

本章節在此提供 Piaget 研究的簡短概要，陳明其觀點帶
來的顯著衝擊與影響。然而，因其研究相當知名故不贅述，
而且有許多關於 Piaget 的寶貴資訊，如 Penn（2005）、Riley
（2003）以及 Arnold（2003）。焦點將著重在當代的學習過
程觀點。

建構主義

　　Piaget 著重在兒童如何獲得知識。Piaget 持續影響著我們對幼兒學習的認知（概述見 Penn, 2005: 40）。例如，許多英國的幼兒教育者受到 Athey 關於兒童「基模」（schemas）研究的影響，而其論點源自於 Piaget 的概念。「基模為重複行為的模式，導致早期的分類，接著是邏輯分類。」（Athey, 1990: 36）Arnold（2003）則依照某特定兒童多年來顯示出的基模，提出令人關注的討論（Harry）。

　　留意到 Piaget 許多巧妙的實驗具有挑戰性與爭議性也很重要，因為它們並沒有考量兒童學習的背景（見 Donaldson, 1978）。Donaldson（1978, 1993）強調嵌入式學習（embedded learning）的需求，亦即將學習嵌進對兒童而言有意義的經驗背景中。當兒童參與對他們而言有意義的任務時，可獲得較高的成就；當兒童參與無意義的「非嵌入式」任務時，學習過程明顯較困難，就如同許多學校本位的任務（1993: 19）。

　　Piaget 研究最重要的面向之一為邁向邏輯思考者的階段辨識。Piaget 認為兒童為主動的探訪者，試圖去了解他們的世界，建構自己的認知地圖。兒童逐步建構其心智，Piaget 將此描述為一系列發展的主要改變或階段：

・感覺動作期（零到二歲）：憑身體（或肌肉運動）動作學習。
・前運思期（三到七歲）：憑天性的直覺學習。

- 具體運思期（八到十一歲）：僅仰賴具體指引（實際經驗）的邏輯思考。
- 形式運思期（十二到十五歲）：涉及透過經驗的抽象、歸納學習與思考。

　　舉例來說，Piaget 的理論可運用在西洋棋上。在感覺動作期，兒童會去摸索棋子；在前運思期，兒童會試著去移動棋子；在具體運思期，兒童會從下棋的經驗中習得移動的策略；而在形式運思期，玩家能夠思考數個向前移動的方式，並試圖破解對手的策略。當然，有許多兒童在十二歲前便棋藝精湛，不過 Piaget 並沒有將這些階段視為固定不可變的（見 Smith & Cowie, 2003）。雖然 Piaget 所定義的這些學習（或認知發展）階段與特定的年紀範圍有關，但它們會因人而異。

　　Piaget 認為，學習是在同化（assimilation）與調適（accommodation）的環境下不斷地努力。學習透過適應──同化與調適的過程而形成。同化包含關於既有認知結構的事件詮釋，而調適則意指改變認知結構以理解環境。以一個六個月大玩海灘球的兒童為例。兒童起初試圖將球放入嘴中（其他物品亦同）卻無法做到，因為球太大顆。兒童會吸收此知識並加以調適，改成以舔球的行為代替。

　　繼Piaget之後，Bruner（1990）也視學習為主動的過程，學習者根據其現存或過去的知識來建構新的想法或概念（見Hargreaves & Hargreaves, 1997）。利用 Piaget 的研究，他發展

出一種理論架構，將學習視為三種日益有效的方式來描繪這個世界：

- 動作表徵：僅根據行動而思考。
- 影像表徵：兒童能夠形成並利用物體的影像而無須物體的呈現。
- 符號表徵：兒童能夠運用像是文字等符號思考。

對 Bruner 而言，學習者依據認知結構或架構來選擇並轉換資訊、建立假設，並做出決策。此心智模式使經驗更具意義與組織性，並使個人「超越既定的資訊」。

多元智能

Gardner（1983）主張，人們以不同的方式學習，因而具有不同類型的智能。他認為每個人擁有的各種智能程度亦不同。Gardner 將智能分為下列七種：

- 肢體動覺智能。
- 語言智能。
- 邏輯與數學智能。
- 音樂智能。
- 視覺與空間智能。
- 社會（人際）智能。
- 個人（內省）智能。

Gardner 理論的要點為學習與智能並非不變，在每個人

的一生中會不斷改變。僅測量單方面的智能（比如只測量 IQ），也因而顯得不具意義。如 Gardner（1983: 70）指出：「這些智能是假象，而且是最有用的假象——因為討論過程與能力（就像生命中所有的東西一樣）之間是不間斷的關係。」Gardner 批判學校教育，因為他認為學校教育認可並推動有限的智能觀點（特別是邏輯－數學智能）。其理論的優點之一是，多元智能吸引人們注意每個孩童學習的獨特性，並認可文化上不同模式的學習。如同 Penn（2005: 54）指出：

> 顯然不同的社會環境重視不同的智能。歐美社會較重視語言與邏輯－數學智能，其他社會，例如北印度或西非的部分社群，可能相當重視音樂與動覺智能——比如馬利（Mali）和塞內加爾（Senegal）會推崇擅長唱歌的人。

後設認知

後設認知（metacognition）即是「對於思維的省思」（thinking about thinking），包含兒童對所思與所學的反省能力，這方面的學習近來受到重視。例如，Brown（1987）指出省思之策略或規則，其中包含任務種類的相關知識，以及因任務不同而給予不同的需求，這些過程幫助調整與管理學習、形成計畫，以及檢驗活動的結果。David（1999: 5）適切地指出，七歲以下兒童的敘述與組織思考之心理策略尚未

完全發展，這些能力經由成人模式以及鷹架理論（見後文）而發展。後設認知的重點是這些能力並不會在童年晚期突然發展，而是建立在初期的學習關係上。例如，Hudson（1993）探討兒童用來獲悉某些特別經驗的片段及情節。兒童必須學習這些，以便知道如何在不同的社會情境中表現。他們了解自己被預期做出何種行為，而且能夠預測其他人可能的表現（見 Merry, 1997）。

顯然兒童會將他們的成功視為學習。Dweck 和 Leggett（1998）研究兒童視以為學習的方法，他們發現兩種可能的學習傾向：「精熟」（兒童狂熱地接觸新事物，決心要成功，並對其學習負責）及「無助」（兒童對新的事物只有一點興趣，很容易放棄，並傾向依賴其他人的幫助）。Dweck及 Leggett 強調「精熟」為兒童的學習方式（請參見下文中關於傾向的深入探討）。

社會建構主義

對 Rogoff（1997: 269）而言，「學習」是改進一個人參與活動系統的過程，特別是在社會系統中：

> 從社會文化的觀點，發展過程並非僅限於個人，而是包含團體與社區的過程。因此，個別兒童與其他事物之間的發展並非被視為靜止不動的。

此觀點比 Piaget 1954 年提出的「孤單科學家」（lone

scientist）更強調社會互動與學習者支持的重要性，並指出學習者是知識的社會建構者。Vygotsky（1978）主張團體同工可以建構更高程度的知識，甚於個體在團體中分開工作。該知識來自於團體的交互作用，個體與較有知識的人工作，可以向較有知識的人「借用」他們對事物與觀念的了解來達成目標（見 Wray & Medwell, 1998: 8）。比如雙親或照護者如何能在睡前說故事的時間裡，幫助兒童發展早期讀寫，重要的是兒童在情境中是舒適且期望獲得成效。對 Rogoff（1990: vii）而言，「兒童的認知發展是見習期──透過與同伴在社會活動中的引導式參與，支援並延伸兒童使用文化工具的認知與技能。」

❈ 鷹架理論

Wood 等人（1976）首先使用「鷹架」為隱喻，來說明成人協助兒童在能力以外完成任務的過程。在「鷹架」過程中，成人導引並幫助兒童在能力所及的範圍內學習（Wood et al., 1976; Bruner, 1978; Wells, 1987; Tharp & Gallimore, 1991）。Bruner（1978）明確地將鷹架理論與 Vygotsky 的「近側發展區」（zone of proximal development, ZPD）相連結。近側發展區是 Vygotsky 提出的結構模式，透過社會交互作用促進認知發展。此模式猶如見習期，在此期間，初學者與熟練者在近側發展區一起解決相關的問題，初學者因而能夠學習能力範圍以外的技能。

成人與兒童之間的轉變原本是不受到重視的，然而，近

來對「鷹架結構」的討論轉移到強調成人導向的相互關係
（Stone, 1998）。相互關係為感情上的親密度，以及在共同
活動中的直覺領悟，此與成人表達傾向直接回答、擴展說話
的含意有關，成人所說所做會反映在兒童對所了解的陳述中
（Lepper et al., 1997）。

　　Rogoff（1998: 698）評論近側發展區與鷹架理論之間的
特殊關聯，因為許多早期關於鷹架理論的著作與研究著重在
成人的權力與控制。Berk 和 Winsler（1995）發展出一套鷹架
理論的概念，強調共同解決問題與互為主體性。他們主張
「當每名夥伴適應他人的觀點時，互為主體性便會創造出一
致 的 溝 通」（1995: 27）。如 同 Jordan（2004: 33）指 出，
Rogoff（1998）辨識出鷹架理論的功能在於由專家協助兒
童，而近側發展理論則為參與者的互助學習。

　　Jordan（2004: 32）針對各個鷹架理論去探討其中值得注
意的差異，他指出在學習過程中，成人或老師被視為有經驗
者及共同建構者，兒童與成人是對等的夥伴關係，之所以強
調共同建構，是因為兒童在自我的學習過程中扮演重要的角
色，因此，成人與兒童之間的夥伴關係著重於彼此間意義的
形成與知識的建立。Jordan 主張，當兒童參與共建時，他們
藉由負起更重大的自我學習責任，而成為其學習社群中的正
式成員（Wenger, 1998）。Rogoff（1998: 690）將此學習共同
體描述為「參與中的轉化」，並將轉化分為三種層級：自
我、人我之間與共同體。Rogoff 所描述的是「參與者對進行
中的任務參與及貢獻的轉化過程」（1998: 695）。因此在家

庭、人我之間與共同體中，學習和發展是不可分的。

學習關係與傾向

　　兒童與其母親及「重要他人」——包括家人、朋友和他們自己——之間所發展出來的關係，形成其社會世界的基礎，而且在塑造與支援學習上相當重要。Bruner（1986）主張，大部分的學習情境是共有的活動，是文化的分享。如Anning 和 Edwards（1999: 63）指出，許多兒童從出生到八歲之間的學習路徑是逐漸從互相依賴中轉變成獨立，從著重在個人意義到公共意義。對很多西方幼兒時期而言，意味著從家庭與社區轉變成早期的學習及正式教育。

　　Trevarthen（1977）研究僅出生幾週的嬰兒，發現兒童與雙親之間早期互動有著分享、民主性的特性。Gopnik 等人（1999: 32）並主張：「嬰兒了解他人的特殊性，並以特殊方式與他人連結。」Trevathen 的「母性語言」（motherese）概念在此很重要，母親聲音的節奏與旋律對共享利益的合作關係具鼓勵性（見 Arnold, 2003: 70）。Rogoff（1990: 12）也承認父母參與的重要性：「父母親以提供學習支援的方式來定期調整與兒童的互動，並建構兒童的學習環境。」

　　「互為主體性」在學習上是很重要的，其原因有二。首先，「兒童以其方式透過其他人來了解所在的世界」（Gopnik et al.,1999: 34）。其次，參與者透過其身體與心理來形成策略以協調彼此（Trevarthen, 1993），以及學習的傾向（見Anning & Edwards, 1999: 64）。

就 Schaffer（1992）而言，學習是透過與目標的交互作用而產生，目標會因地、因人而異。Schaffer（1992）對「共同參與情節」部分給予特別的關注，那是成人與兒童共同注意以及行動的目標。在每天的交流中，交互作用的質量會影響學習的品質。Tizard 和 Hughes（1984）的研究中，兒童與成人間互動的變動品質相當明顯。他們錄下三十位四歲女孩與母親在家中的對話，以及在托兒所中與老師的對話，他們發現指出兒童在家中的學習是相當有幫助且具挑戰性，因為所學的深植於有意義的內容，且包含由兒童開始的對話。

英國的幼兒教育成效研究（Effective Provision of Pre-school Education, EPPE）確定幼兒時期的環境在兒童學習上有極大的影響。在被評估為「優異」的環境中，兒童與成人較可能「持續地分享」彼此的想法。根據 Siraj-Blatchford（2004: 147）所述，他們持續分享的想法包括「二人以上『合作』以明智的方式解決問題、釐清觀念、評估活動或延伸敘述等。在持續分享想法期間，雙方有助於思考、發展，並延伸言談內容。」

❀ 友誼

兒童之間的友誼也會逐漸影響他們的學習，特別是剛入學時（見 Brooker, 2002）。Hartup（1996）形容友誼是一種緊密的聯繫，試圖產生心理依附與信任，這是一種同儕間的關係。Hartup（1996）認為，友誼可作為獲得社交技巧、世界訊息、認知與情感資源的背景。擁有朋友的兒童比沒有朋

友的兒童較可能發展出社交能力。

Dunn等人（1987）觀察並分析三個四歲兒童與母親、兄弟姊妹及朋友間的對話，他們認為兒童和知識較豐富的其他人在一起時較可能：

- 兩歲時，較常參與扮演遊戲。
- 在三歲時，有更多的連結互動。
- 參與討論人們行為成因的對話。
- 見證其他家庭成員間的情感關係。

Pollard（1996）進行一項有關社交環境的廣泛研究，研究五名兒童在入學第一年的學習。一系列的相關證據由兒童的社交生活中取得，其中包括家人、朋友與老師。Pollard 根據研究所得證據主張，能有效學習的兒童本身能夠控制所處的學習環境，如此他們才能獲得由老師及同儕給予的支援。

✽ 自尊

自尊與自我觀念有關，兒童如何看待自己與自我知覺（self-perception）所產生的行為。如 Schaffer（1996: 159）所述，自我觀念是由經驗取得，當兒童感知成功便會產生勝任感，失敗則會產生無力感。Roberts（1998: 161）主張：「兒童的自尊不只是他們安適的重要因素，也是學習成果的重要因素。」然而，自尊是一個複雜的概念，Brooker 和 Broadbent（2003: 33）對幼童的自尊闡述了要點：

自尊被形容為兒童歸納自己的價值觀：試圖測量或描述
兒童想要的與實際上擁有的差異，在兒童早期，主要反
映在兒童察覺他人眼光中的自我價值，特別是那些重要
他人。

　　Curry 和 Johnson（1990: 5-9, cited in Roberts, 2002: 12）辨
識出四個自尊領域：
1. 認同（兒童與母親及重要他人之間，包括家人與朋友）。
2. 控制（掌控環境與自制）。
3. 道德觀（好壞及對錯的觀念）。
4. 能力（解決問題與勝任的能力）。
　　Roberts（2002: 105）主張，認同是自我觀念的核心，
「無條件的認同」在自尊上是不可缺的。Roberts 將無條件認
同定義為「認同的一種，嬰兒需要從雙親及重要他人獲得沒
有保留與評判的認同」（Roberts, 2002: 5）。此外，Roberts
（2002: 105）特別針對「高度自尊」確認自尊的要素：

· 正向的自我觀念（認同的安全意識）。
· 信心、能量與樂觀。
· 正向的經驗。

❋傾向

　　兒童如何學習與所學得的被視為同等重要（Riley, 2003:
17），自尊會影響學習傾向。Anning 和 Edwards（1999: 63）

指出，「傾向（disposition）深植於人們對效能可能性的知覺」。Katz（1995: 62）將傾向定義為：「持久的習慣或是在不同場合中習得的經驗。」有關學習傾向的研究建議，培養正向的傾向會使兒童變得較有決心、較成功，以及比較不會抱怨（Broooker & Broadbent, 2003: 51）。對 Katz（1995: 63）而言，有些學習傾向（例如探究）是天生的，有可能受到不利的影響，甚至被不恰當的學習經驗破壞。傾向是藉由早期經驗習得，因此，幼兒的優質學習包括支持與加強學習的傾向（Sylva, 1994: Carr, 2001）。

Laevers（1994）主張，當兒童致力於「深度學習」時，表示他們有正向的傾向，會藉由高度的「安適」（well-being）與「參與」（involvement）顯現出來。安適可以描述為「感覺像在家裡、做自己及感到快樂」。參與則是關於「活動的強度、吸收的範圍與在探索中找到滿足」（Laevers, 1994: 5）。這兩個傾向緊密連結，Laevers（1994）指出有很多徵象可循，與「安適」有關的如下所列：
- 率真與感受性
- 適應性
- 自信心與自尊心
- 魄力
- 有活力
- 放鬆且有自己的內在空間
- 享受生命且不壓抑自己
- 能與自己獨處

與「參與」有關的如下所列：

- 專注力
- 複雜且具創造性
- 堅持
- 反應時間
- 滿足
- 精力
- 臉部表達能力與沉著
- 準確性
- 語言表達

Laevers 設計了一份五點量表來評估兒童的安適與參與程度（見 Arnold, 2003: 32）。

Carr（2001）認為，學習的傾向與行為和活動有關，而非氣質等個人特性。對 Carr（2001: 21）而言，學習傾向是「情境學習策略與動機——參與項目由學習者選擇、編輯、回應、尋找與建構學習機會而來」。Carr（2001: 21）引用 Katz（1988: 30）的主張，「傾向是來自技巧與知識，非常截然不同的學習類型，可能透過像是心理習慣、以某些方式回應狀況的習慣」。

Carr（2001: 23）發現五個領域的學習傾向：

1. 產生興趣。
2. 被納入為事件中的一份子。
3. 在困難中持續堅持。

4. 與他人溝通。

5. 負起責任。

Carr（2001: 23）將上述五個領域分成三個部分來分析：「預備自己（將自己視為參與其中的學習者）、樂意學習（對學習機會敏感且能評估之）、達成目標（累積知識與技巧以預備自己進一步學習），其中包含對時機的敏感度與相關知識及技巧的結合。」

Carr 發展出五個學習傾向領域作為從多重觀點（包含兒童的觀點）評估學習的架構，即她所稱的「學習故事」（learning stories）。「學習故事」是根據兒童學習的關鍵事件而來的結構敘述性文件，包含兒童自己的評論（見 Carr, 2001: 96）。

◎ 遊戲與學習

對成人及兒童來說，遊戲被認為是重要的，遊戲是供娛樂用的，能給予人們機會踏出工作領域之外來放鬆，或是將注意力集中在不同的事物上。然而，對兒童來說，遊戲不只提供娛樂，還是所有學習的基礎（Bruce, 2001; David, 1999; Moyles, 1994）。

在英國，遊戲是照顧與教育年幼兒童的基礎原則之一，儘管了解遊戲在早期學習中的重要性，事實上，卻難以為遊戲下定義。在早期的認知發展中，對游戲的理解與重要性，會因兒童的文化與社會結構而截然不同（BERA SIG, 2003; Curtis, 1994; Sayeed & Guerin, 2000）。

Tamis-Lemonda、Katz 和 Bornstein（2002: 229, cited in Macleod-Brudenell, 2004: 213）找出遊戲在發展中的五項重要性：

1. 心理的——覺醒的調整、表達情感、解決衝突。
2. 精熟——發展專注的範圍與工作導向的行為。
3. 認知——訊息與技巧的獲得、有創意與相異的想法、代表性的能力。
4. 社交——給予與接納、決定過程中考慮他人的想法與意思。
5. 文化——傳遞社會角色與文化價值。

Parten 在 1932 年（cited in Smith & Cowie, 2003: 141）定義了幼兒遊戲的四個階段。第一個階段稱為「單人遊戲」，兒童自己一人遊戲，儘管近來愈來愈多研究提出，想像或扮演遊戲往往比最早承認的遊戲具有更多的社會性。第二階段稱為「平行遊戲」，此階段兒童在彼此旁邊遊戲，彼此間會有交互作用，但不一定會納入彼此的遊戲中。第三階段稱為「聯合遊戲」，此階段兒童彼此間可能會有交互作用，並且會納入彼此的遊戲中。第四階段為「合作或協同遊戲」，此階段兒童納入彼此的遊戲中，並一起達到共同的目標。

Corinne Hutt（1966）將遊戲分為三類：以知識為基礎的知識遊戲、以符號與代表物及空想為基礎的嬉戲遊戲，以及具有規則的遊戲（見圖 7.1）。

各種遊戲都會給予技巧的發展以及各方面的了解機會，以嬉戲遊戲為例，可將兒童納入問題解決、語言發展技巧、移情作用與合作技巧。此外，在我們觀察兒童遊戲時，例如，社會戲劇性遊戲或角色扮演時，會發現他們利用其已知

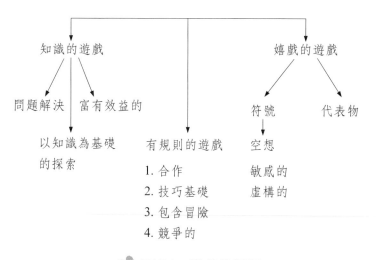

🍀 **圖 7.1　遊戲的種類**

資料來源：Hutt, 1966

的知識帶入遊戲中：

> 極力要去解釋以及分類遊戲，可能會忽略兒童自己所定
> 義的遊戲，兒童常會去建立遊戲以及非遊戲情形下的相
> 互感知，他們會透過協商以及分享意義來創造角色、使
> 用符號、重新定義目標與決定行動……遊戲不只是空
> 想，內容可從實際生活分離出來，兒童不斷在他們的遊
> 戲、知識，以及生活中其他領域收集而來的認知中迂迴
> 前進。（Wood & Attfield, 1996: 85）

我們經常用以描述遊戲的普遍特徵，並不總是擁有一致
的特性。例如，遊戲常被描述為活潑的，但情況並非總是如

此,因為遊戲也包含明顯的靜止狀態。遊戲或是嬉鬧可以用很多不同的標準來確認,最重要的標準之一便是自我選擇。

歷史上有不少理論學家討論遊戲在兒童生命中的目的。我們可以看到所有小動物都會遊戲,而且顯然小獅子與小熊是在練習成長以後所需的生存技能。然而,對人類的幼兒而言,生活會更加複雜,因此,遊戲與早期學習之間的關係較不明確。

理論家如 Friedrich Froebel 便在 1906 年的著作中,認為遊戲是在兒童之間發展出來的,但成人也可以提供適當的素材來鼓勵與發展。

Maria Montessori(1976)的研究對學齡前兒童的學習有很大的影響,如同 Froebel 一樣相信遊戲的重要性,並認為遊戲應該是由成人來組織,給予兒童機會來學習真實生活的技能。Montessori 與 Froebel 都並未真正認清想像與扮演遊戲在兒童學習上的重要性。然而,在 Montessori 的學習情境中,尊重兒童的選擇是重要的原則。

Piaget(1952,見 Smith & Cowie, 2003)相信遊戲中加入已學會之技能,是要給學習者練習的機會,反覆練習會使技巧熟練,並增加自信。他相信在遊戲期間兒童有機會去嘗試,而不需要擔心失敗。

Sigmund Freud 認為,遊戲給予兒童機會,將有時「危險的」欲望在安全的環境中付諸實行,而且兒童可以表達他們的感受,不須擔心受到處罰。他也承認,遊戲可以幫助兒童克服生命過程中的創傷性事件。

　　Susan Isaacs 在 1929 年的著作中認為，兒童生活中的遊戲對認知以及社會／感情的發展是相當重要的。「遊戲是兒童真正的工作，兒童能藉以成長與發展。積極的遊戲可被視為心理健康的跡象，表示無先天的缺陷或心理疾病。」（引自 Smith & Cowie, 2003: 231）。

　　如同 Susan Isaacs，Lev Vygotsky（1933: 231）承認遊戲的重要性在於兒童的認知與感情上的發展，他所相信的與 Freud 相同，認為兒童在遊戲中用一般的觀念來演出他們不可能達到的渴望；與 Montessori 及 Froebel 不同的是，Vygotsky 亦承認想像或扮演遊戲在兒童發展過程中的重要性，因為他認為扮演遊戲將兒童從正式的學習限制中釋放，使他們能夠在完備的層級中運作與思考。

　　在幼兒課程中，以遊戲為中心始終是在政治與教育背景中引起不少爭議的主題。幼兒教育的實踐者與理論家特別關心學齡前學習環境，自十九世紀晚期到二十世紀一直捍衛遊戲的角色，而遊戲導向的學習也在基礎教育的文獻中被奉為圭臬（DFEE, 2000）。

　　許多爭論是從幼兒如何學習，以及早期以實驗為根據的研究兩者間的了解而來。Hutt（1966）及 Smith（1978）提供少許的證據指出，認知的獲得可從遊戲中得來。他們承認兒童的社會發展可藉由遊戲來增進，但在社會遊戲與兒童的認知發展兩者之間的連結卻不得而知。

　　較晚近的觀察研究（Nutbrown, 1994）讓我們更了解兒童的社會與認知發展如何在遊戲期間發生，而像是 Vygotsky

（1933，見 Smith & Cowie, 2003）等人的社會建構理論，更加深了我們對於遊戲重要性的了解。此外，近來針對幼小嬰兒腦部發展的神經科學研究（Perry, 1996 in Mustard & MaCain, 1999）證實遊戲是不可或缺的，並有助於形成腦部神經的突觸連結，而情感對認知發展的影響現在也有了更清楚的了解（見第五章）。

　　幼兒被認為是主動的學習者（身心皆是），他們認為透過實際經驗與材料會較容易學習，但對他們來說，簡單傳輸模式的教學是不適當的（Donaldson, 1978）。而且，已知幼兒是潛力無窮的，若無經驗的學習者需要學習的技能與工具，他們可以透過遊戲來獲取（Bruce, 2001）。切記，要提供機會給兒童發展各種技巧，在遊戲中，兒童可以養成堅持不懈、合作、解決問題、負責，以及獨立的傾向。

戶外學習

　　Bailey 等人（2003: 176）主張，戶外遊戲在幼小兒童的教育上具有特殊的地位，可提供無數有助於健康發展的經驗。對 Lasenby（1990: 5）而言，戶外環境是幼兒學習不可或缺的，而且理想上應讓兒童隨時都可取得。例如，Bilton（1999）承認，戶外活動是所有學習環境中不可或缺的。此外，有些兒童是存在於社會的室內環境裡。

　　然而 Rickinson 等人（2003）進行戶外學習的研究回顧，發現如 Fjørtoft（2001）所述，很少研究探討如何將自然環境當作遊樂場，讓兒童在其中學習。即使在斯堪地那維亞

（Scandinavia），許多幼稚園普遍將戶外環境納入課程中，
著手在這領域內的研究卻是屈指可數。

由 Fjørtoft（2001）與 Rickinson 等人（2003）的研究指
出，在自然環境中遊戲對兒童似乎有正向的影響，兒童在遊
戲中會較有創造性，遊戲活動會增進兒童運動適能。Fjørtoft
（2001）證明，幼童利用森林中不同的自然景觀遊戲，會比
使用傳統遊樂場的兒童表現較佳的技巧。特別是她發現，兒
童在平衡與協調活動中有顯著的進步。Fjørtoft 和 Sageie
（2000）研究五、六、七歲的幼稚園兒童使用森林當作補充
教材，建議幼稚園設計多元可能性的多功能遊戲，以及景觀
結構與遊戲功能間應有強烈的相關性。儘管已有進一步的了
解，但仍有必要對在教育情境中以及在家中之幼小兒童的戶
外經驗有更深入的研究（見 BERA SIG, 2003; Waller et al.,
2004）。

◎ 總結

兒童透過與其他人及環境的交互作用學習，在適當的社
會環境中會給予支持、架構與鼓勵。他們透過其母親、家人
和朋友來學習。包括自尊、態度以及感覺的學習傾向，是學
習上相當重要的部分。如 Merry（1997: 60）所陳述，這是
「因為成功地解決問題需要的不只是恰當的策略，還需要對
於問題以及自己角色的正向態度」。

Merry（1997: 60）與 Roberts（2002: 89）的成功學習者特
徵可以概述如下：

· 高度的自尊。
· 視自己為良好的學習者。
· 期望成功。
· 尋求挑戰。
· 預備好要冒險。
· 堅持不懈以及內在控制。

　　學習是複雜的，但是兒童從出生後，便積極地解決自己所製造的問題。他們試圖去了解並參與他們的社交環境，而且重要的是，不可低估兒童的理解能力。

問題回應與討論

一、Piaget 與 Rogoff 在兒童學習方面的觀點有哪些差異？

二、你能想到兒童學習可能受到雙親或照護者的哪些支持呢？

三、你能想出兒童彼此互相支持而從學習中獲益的特別活動嗎？

四、為何人際關係在學習中受到如此重視？

五、在學校學習與在校外學習有何不同？

六、接續第五題，為何會有此不同呢？

七、請述說幼兒環境對於學校教育和學習間的討論有何涵義。

推薦閱讀

Arnold, C. (2003) *Observing Harry: Child Development and Learning 0-5*. Maidenhead: Open University Press.

British Educational Research Association Early Years Special Interest Group (BERA SIG) (2003) *Early Years Research: Pedagogy, Curriculum and Adult Roles, Training and Professionalism*. Southwell, Notts: BERA.

Bilton, H. (1999) *Outdoor Play in the Early Years: Management and Innovation*. London: David Fulton.

Brooker, L. and Broadbent, L. (2003) 'Personal, social and emotional development: the child makes meaning in the world', in J. Riley (ed.) *Learning in the Early Years: A Guide for Teachers of 3-7*. London: Paul Chapman Publishing. pp. 29-60.

Carr, M. (2001) *Assessment in Early Childhood Settings*. London: Paul Chapman Publishing.

Moyles, J.R. (1994) *The Excellence of Play*. Buckingham: Open University Press.

Roberts, R. (2002) *Self-esteem and Early Learning*. London: Paul Chapman Publishing.

Sayeed, Z. and Guerin, E. (2000) *Early Years Play: A Happy Medium for Assessment and Intervention*. London: David Foulton.

網路資源

trackstar.hprtec.org（Piaget、Bruner 和 Vygotsky 的一般資訊）
www.psyc.bbk.ac.uk（大腦與認知發展研究中心）
tip.psychology.org/vygotsky（Vygotsky 理念之概述）

第8章

兒童研究

Jane Murray

　　本章節內容主要針對當今西方社會中兒童相關研究的內容與基本原理，探討兒童相關研究中四個主要的構成要素：

- 觀察。
- 對話。
- 代理機構。
- 專業判斷。

　　本章會繼續探索及討論下列範圍：

- 以兒童為研究主題之領域。
- 與童年時期的建構有關之兒童研究。
- 為何要研究兒童。
- 由健康照護、社會關懷以及教育從業人員所做的兒童研究。

　　在結論部分，本章亦提供問題回應與討論，以及簡短的推薦閱讀列表，給一些想要更進一步探討與兒童研究有關的實際面之從業人員。

撫養一個兒童需要一整個村落的人幫忙。

非洲諺語

這部分將探討研究兒童之不同原因與模式，並了解研究的原因及對象是適當的。當 Nutbrown（1999: 127）提出評估兒童的三個目的時，她表示該領域是複雜的：

1. 教與學。
2. 管理與責任。
3. 研究。

　　儘管研究觀點是奠基於兒童早期環境，上列三點仍是有用的指標，有很多不同原因顯示，可以對兒童做更廣泛仔細的探討。確認從社區代表、家人、從業人員與兒童等四種觀眾何者為接受者評量文件中，Carr（2001: 126）似乎偏向支持 Nutbrown 所提之兒童研究的本質是錯綜複雜，並在進一步闡述中認為，此複雜性需要數個要素拼湊才可看到全貌；更進一步或許會有人主張，這些要素可能包括觀察、對話、代理機構，以及專業的判斷。以有成效的兒童早期研究而論，Nutbrown（1996: 55）導出四個要素，也解釋道：「有專門知識的成人抱著尊重的態度看著兒童致力於生活、學習、愛以及生存，較可以站在一個適當的立場了解兒童要表達的，並且幫助兒童找到方式來表達。」

　　為要完全了解此四個要素，更深入探討每一個要素將會有所幫助。

觀察

Nutbrown（2001: 66）解釋在討論早期的研究成果中，「觀察是最好的『交易工具』之一」，並且，如果研究人員接受 Bruce 的「十個基礎原則」（1997: 17）且將此視為早期高品質研究的基礎，必須明白的是，如果要研究兒童就必須要觀察他們。無論如何，此類型之研究會較難達成起初所思考的。

複雜的原因之一可能是因為使用方法的本質，共通的列表或許看似可以給所有可能被觀察的兒童一個「普通測驗」的框架。重要的是，我們也必須將此框架中可能會造成偏差的元素列入考慮，例如：

- 環境因素（時間、地點、經歷）。
- 情緒，以及被觀察的兒童間之交互作用與影響。
- 觀察者的經驗、背景與人格。

很顯然，上述列舉的每項構成的因素都會影響過程以及觀察結果，意味著很難確保每個人觀察到的會相同。因此，確保每一位觀察者知悉在觀察前、中、後可能的變異性是很重要的。本章結尾的提供的推薦閱讀便是給以觀察兒童為工作之從業人員的參考書籍。

對話

當我在 1983 年開始我的教學生涯時，班上有三十個六歲

左右的學生，在開始這工作前，我沒受過任何有關如何與照顧者（其實所指的是我的同事）發展對話與維持對話的訓練。事實上，自從與家長有過一次短暫的年度會面之後，溝通上的問題幾乎不成問題，且所有班級完全被分開。那個年代裡，課程自主是很風行的──沒有國民教育課程（National Curriculum），老師們通常是單獨計畫與工作。在那年代，很少除了老師以外的成人（adults other than teachers, AOTTs）會在教室工作；在教研室的休息時間是留作交談用的。在當時的英國有一個重要的例外，是《1981 年教育法案》，該法案促進多元方法來幫助有特教需求（SEN）的兒童。此法案可說是日後許多相關法案的墊腳石。

當今的政策和政策的實施，鼓勵從事兒童早期相關研究人員與相關領域的同事及機構討論計畫與履行計畫，一些國際團體主張整合兒童的服務，像是世界衛生組織（WHO, 1999）、聯合國兒童基金會（United Nations Children's Fund, 2003），以及聯合國教科文組織（UNESCO, 2004）。在英國有關各種學科的方法有 Sylva 等人（2004）的研究支持，在1989 年與 2004 年透過《兒童法案》立法成功。

與家長間有效的對話被認為是兒童有效學習與發展的重要指標，因此，研究早期幼兒的從業人員花相當多的精力，藉由有效、平等與持久的對話來發展親子關係：「明智的從業人員希望從他們所幫助的兒童父母身上學到東西。」（Draper & Duffy, 2001: 149）

兒童與從業人員之間平等與尊重的對話，對雙方來說都

是重要的學習工具，並且會關係到其他有關兒童研究的領域。如同 Cousins（1999: 28）觀察到的：「肩並肩地傾聽與觀察兒童」。的確，Clark 和 Moss（2001: 2）發現，如此明確地做是為了要：「找到具體的方法協助那些可以為兒童發聲、且清楚明白兒童能力的機構得以發展。」Jordan（2004: 31）額外強調在討論「與兒童對話以維持教與學」時，此方法位於兒童早期之核心。

有效對話的關鍵在於可以導出並展現有效關係的發展與培養：「強調關係（relationships）是兒童早期經驗進入後來學習的軌道」（Carr, 2001: 16）。Catherwood（1999）與 Gerhardt（2004）的研究證實了在後期認知發展裡情感發展的重要角色。

◎ 代理機構

幫助兒童歸因對話中那些會直接影響他們的事件，Clark 和 Moss（2001）發現，在英國，兒童會逐漸普遍參與的六個領域為：

1. 法院。
2. 學術研究。
3. 藝術學科。
4. 治療與諮商。
5. 環境與社區發展。
6. 慈善工作。

國際政策中，像《聯合國兒童權利公約》（1989）很明

顯對國家立法是有影響的（Children Acts, 1989, 2004），並且也影響到實際執行面。Schweinhart 等人（1993）對早年教育與照護之兒童代理機構提供良好且合理的觀點。Scott 描述真正的代理機構應當是：「尊重兒童，意即找出他們所想、所感，以及誠實回應他們的觀點與情感。」（1996: 43）因此，代理機構是有點時代精神，但是現時強調的自我提倡是在研究與有效實施下被明確地合理化。

◎ 做出專業判斷

要定義有效的專業判斷是不容易的，因為早期的研究工作者帶入太多的自我進入他們的研究工作中。如 Anning（2004b: 61）觀察的：「儘管可以去描繪二十個專家的特殊傳統或工作文化——福利、教育、健康，但他們的個人生活與工作經歷使每個從業人員有獨特的價值觀與信仰。」

Karstadt 等人主張「專業性難以定義」（2000: 26），相對的也很難判斷基於那些專業化的評斷是不是「對的」。觀看圖 8.1，有的觀察者可能會說「那是花瓶」，有些人可能會覺得「那是彼此對望的兩張臉」。

個人對答案的詮釋是開放的：答案沒有對與錯。詮釋會因觀察者過去的經驗而有差異。同樣地，從業人員對兒童的判斷也會因著個人經驗與個性而有所不同。從業人員以所有個人以及專業的經驗做出的判斷是不可能完全客觀的。然而，主觀性或者是 Eraut（1999, cited in Anning, 2004b: 64）所說的「P」〔個人的（personal）〕知識，會因為與他所定義

🍀 圖 8.1　花瓶或是臉？

的「C」〔編纂（codified）〕知識連結而削弱，其中所謂的
編纂知識是由大量來自圖書館與資料庫累積而來的知識。對
研究早期兒童的從業人員而言，這通常意味著結合兒童發展
的相關知識與兒童本身，而在這之中有關兒童實際行動前的
預設模型，與這些行動的反應模型，和後來棄權的模型之間
會潛藏著矛盾。從業人員必定會疑惑：「在考慮兒童需求之
前，何者須先考量？」集中模式（centralized model）傾向以
著重規劃為第一步驟，但在局部方法（localized approach）
中，個別兒童的行為可視為規劃中的一部分，是因為局部方
法中較多人的尺度考量到因差異而產生之個人需求。然而，
局部方法與集中模式比較起來是較為複雜且困難的，並且對
於從業人員的專門及專業判斷會有更高的要求。

　　在判斷關於年幼兒童的學習、發展以及福利時，重要的
一點是，從業人員須認清每個家庭有不同的家庭文化。當早
期從業人員在研究兒童時，以證據為基礎是最重要的（DoH,

2000）。然而，這會有個限制存在，此限制為真正專業的從業人員承認在他們的判斷中有不可避免的偏見。偏見不可能完全消除，因為那是個人的一部分。然而，清楚且思慮過而反映出來的偏見，與 Manning-Morton 和 Thorp（2003: 155）稱作「工具」（思考、合理性與邏輯性）的要素一起運用，可能是會使判斷變成專業判斷的因素。

兒童研究的領域

在二十一世紀的西方社會很難不去觀察兒童，因為兒童的影像透過一系列的媒體進入我們的生活中。不管是雜誌、電視或是報紙上，對兒童的迷戀與熱衷無所不在。廣告客戶持續使用並濫用兒童的魅力來為自己或是客戶賺錢已行之有年。近來在網際網路上描繪兒童變得更為普遍（Holland, 2004），這對兒童與其童年而言，呈現出明顯及當前的威脅，例如，利用兒童的影像作為性的圖像的使用和展示比以往還要多。在這種狀況下，觀察者所下的判斷很可能是主觀的，且主要與觀察者的樂趣有關，而非關兒童養育。也可能因此使得觀察者與被觀察者間沒有對話，且極少有或是根本沒有代理被觀察的兒童代理機構。

另一種類型的兒童研究是由當地及國家政府機構所擁有的資料。在英國，資料取得是由評估兒童的表現、健康、福利取得，大部分資料是用來發掘趨勢，因此授權政府部門來做策略性的規劃，大多是歸因於個別兒童。例如，儘管英國已有《個人資料保護法》（Data Protection Act, 1998），每位

兒童還是有「獨特的學生編號」（UPN）。隨著新資料的出現就建立了關於兒童的新觀點，儘管新的觀點是由資料本身賦予新的意義。此類研究可能出現爭議的是潛在性的利他主義，由於是政府使用來決定是否實施公共措施的工具，為了要取代已實施的無效措施。的確，在英國，《信息自由法》（Freedom of Information Act）（Department for Constitutional Affairs, 2004）確保了此類型資料一經要求即可取得。不過，此類型之兒童研究也會合併使用觀察與判斷，因為資料規模較大，所以需要簡單的測量法，可以顯著減小觀察者、被觀察者，或是代理機構間等，這些人為的尺度因素可能產生的有效對話。

兒童研究的目的尚存在明顯的利他的基本原理，證據顯示，對早年教育、健康與社會照護是有益的。小範圍內高品質的觀察，可使從業人員、家長以及兒童本身在個人學習與發展上，獲得深度的知識與了解。這種研究類型是由專業人員創造時間與空間來觀察了解兒童需求（Carr, 2001: 96-105; Scott, 2001: 21-29），研究中專家用專業和撫育的眼光來判斷（Athey, 1990; Bruce, 1997: 197-202; Nutbrown, 1999: 199; Edgington, 2004: 201），與主要照護人員合作（Willey, 2000: 92-100; Draper & Duffy, 2001: 146-153），並將兒童納入以發展他們的未來（Carr, 2001: 180; Clark & Moss, 2001; OfSTED, 2004a）。

童年建構與兒童研究

　　如同第五章所討論，Brooker（2002）與 MacNaughton（2004）兩人認同童年的概念如同社會建構一樣是存在著的。許多童年的意象充斥我們現今的生活中，似乎損傷了童年建構的正向觀念，並破壞我們所謂「童年」中的社會元素。這樣的毀壞似乎發生在當兒童被給予過多的權力時，其與成人所授予之權力是對立的，因為「兩者間巨大的不平衡而產生破壞」（Holland, 2004: 69）。權力的不平衡可以被利他主義正向或是反向使用，至少在某些範圍上是如此，如同第一章所討論的《聯合國兒童權利公約》（1989）。在現今社會中此自相矛盾的論點可從建構與毀壞這兩個範例中顯露出來。兒童被當作推銷品的一部分而被廣泛地觀察；因此，至少對某些方面來說，任何保護童年的概念對毀壞的論點變成損害，同時，發展出全球性的語言監控來監督正在發生的事情，以及提倡保護童年免於毀壞。

　　與上述後者密切結合，且在國家水準上提供此自相矛盾的論點，是英國政府集中於建構一種版本的童年。在 1998年，英國為達到此目標開始實施國家兒童保健策略（National Childcare Strategy）的政策（DfES, 2004a）。納稅人的數百萬英鎊被用於擴展兒童服務，特別是在被剝奪社會經濟方面——集中於中央的架構是為了要履行與評估兒童「從出生到三歲教育框架」（Birth to Three Matters）（DfES, 2004c），以及針對「基礎教育階段的課程引導」（Curriculum Guid-

ance for the Foundation Stage）（三～五歲）（DfEE, 2000）。
此外，評估英國義務學校教育階段兒童是普遍且公開地公布
在學校積分排名。在最近的教育標準政府機構（Office for
Standards in Education, OfSTED）的架構下，檢視的主要部分
原本是關注學校標準，現在也承擔檢視所有由政府提供資金
的兒童保育標準的責任，最年輕兒童的「生產力」是被評定
的（OfSTED, 2004b）。同時建構一個明確且較無文化差異
的童年模式，為了要讓全國從出生到三歲的數百萬兒童能藉
由「從出生到三歲教育框架」（DfES, 2004c）、「基礎教育
階段的課程引導」（DfEE, 2000）、「國家課程標準」，包
括一些方法像是「全國讀寫能力策略」（National Literacy
Strategy）（DfEE, 1998）和「全國計算能力策略」（National
Numeracy Strategy）（DfEE, 1999）等，而獲得類似的學習經
驗。此種單一模式是由從業人員、督察員、家長、政府、民眾
再加上兒童自己觀察而來，當措施朝自我倡導（self-advocacy）
前進，看起來好像在漸增進度（Claxton, 1990; Nutbrown,
1996; Cousins, 1999; Clark & Moss, 2001; Carr, 2001; OfSTED,
2004c），Schweinhart（2001）、Schweinhart 等人（1993）以及
Sylva 等人（2004）的研究皆支持以上論點。

　　無庸置疑的，此種簡化的單一童年模式是容易的，因此
在評量上也是價廉的，甚至在一開始是容易了解的，也會被
廣泛公諸於世。然而，人是複雜的（Ryder & Wilson, 1997），
兒童也不例外，因此，有可能會有爭議關於被過分簡單化的
童年模式未經加工測量，可能不符合人們的實際需求。事實

上，在評估口授文化課程中，儘管愈來愈多的辭令是根據兒童在所有生活領域中自我倡導的適當性，兒童幾乎不會被認為是他們自己學習與發展的共同建造者。英國政府在此方面已經做了一些讓步，在主要國家策略中，看起來好像承認兒童的個人主義以及他們的需求（Leadbetter, 2004），但仍維持公布排名表讓學校遵循；更進一步，對兒童的服務一般會傾向採取規避風險的文化路線。

為何要研究幼小的兒童

在現今兩個童年範例中——建構與毀壞二元對立論——兒童研究是主要特徵，既然本書之研究以支持兒童早期從業人員的訓練為目的，此處的焦點會放在：研究中兒童是用來支持個別童年建構的工具，在文化及社會範疇中建立正向的價值，然後進入成人期。

在現今西方社會文化中有關童年公共設施裡，人們接受主要的論點來解釋出現在生活中的現象（Shuttleworth, 2003），同樣地，也接受反建構理論，對於年幼的兒童學習需求而言可能會較恰當（Moss & Petrie, 2003）。從業人員的角色在建構二元對立論中是主要的，除了要向出錢的主管負責，他們也保留時間與空間讓個別兒童以他們最適當的步伐和方式發展。傳統上來說，早期的從業人員常常退讓，也許是因為他們發現，面對不完全了解幼小兒童需求的對立方之掌權者很難堅守立場（Aubrey et al., 2002b），而通常對立的掌權者是學校領導人。Staggs 承認這項爭議：「許多從業人

員是憑直覺行事……他們不是很擅長為自己的個案爭辯。」
（Palmer, 2004: 14）然而，專業判斷以多重觀點之證據為依
據，高品質的觀察、意見交換，以及兒童代理機構，很可能
讓從業人員在專業的一致態度上，給予強烈的聲音。Athey
（1990: 19）認為這對老師來說是不可避免的，但也可能出
現爭議，就是對所有早期的從業人員來說，下述情形是真實
的：「教師需要提出自己的理論並成為專家……協助過程亦
為教師本身的責任之一，需要清楚有力的表達而非直覺的專
業知識。」

　　除此以外，兒童研究提供人們了解學習與發展的途徑，
並且是下個階段之學習與發展的指標：近側發展區
（Vygotsky, 1978: 86-7），或是為下一步發展所做的預備（見
第七章）。從業人員提供兒童有效的學習與發展的需求是很
重要的，所有早期的從業人員對兒童發展有深度的知識與了
解有其有力的理由。

　　Carr（2001: 20）使用「監督」（surveillance）這字眼來
描述早期從業人員在評估兒童發展與學習的義務可能會較不
正向，想當然爾，評估幼兒需要有一定的堅持且應對評估結
果負責。然而，藉由提出另一個模式，可以授權從業人員：
「我們有責任去確認我們為兒童建構的新社區……是合乎道
德且安全的環境。」

　　在建立合乎道德且安全的環境時，是基於從業人員對責
任義務的考量，相信從業人員會以有效的方式使研究工作是
對兒童有益，要「成功創造出合乎道德且安全的身體、社

會、情感以及智力的兒童空間」，需要對兒童個體最了解的
人來達成，兒童本身以及其主要照護者與從業人員透過密切
的合作關係，能夠將他們的要求變成真實。如此的合作關係
替兒童研究提供了對話與代理機構元素，但是，需要從業人
員的觀察才得以結合這些要素，以專業的判斷來創造兒童發
展與學習狀態更完整的圖像，並成為未來計畫的基礎以便提
升現階段的情況。

◎ 健康從業人員所做的兒童研究

儘管Karstadt和Medd（2000: 72）指出：「參與幼兒工作
的人士應當知道兒童的健康需求，裝備好自己以提供與兒童
發展有關之支持與忠告。」世界衛生組織（WHO, 1999）支
持整合服務，英國的健康部門（Department of Health, 2004）
認同協調兒童服務的重要性，健康從業人員在英國有其明確
以及特殊的角色。

健康從業人員監看未出生寶寶，以確認其發展是否符合
正常發展，超音波掃描是其中一種普遍用來拍攝未滿月嬰兒
的方法，使用新生兒「阿普加評分」（Apgar Score）以確認
嬰兒出生後是否需要立即急救。新生兒阿普加評分是一種標
準化評量，對出生後特定的生命跡象（如心跳、呼吸、反射
等）提供數據化的測量。除此之外，健康從業人員檢查身體
特徵，並對照常模以評估嬰兒健康。當兒童漸長，健康篩檢
則由實習保健人員、學校護士以及一般從業人員接手，在兒
童達到義務教育年紀之前，極少可能出現在正常狀況外卻未

被診斷出來的情形。因此，達到符合義務教育年齡兒童的體型所構成的常模分布範圍可能會是很小的。兒童們朝著那範圍移動不管有沒有介入治療，或者決定的形成在操作的常模之外。

因此，可以視為健康從業人員的工作首要是需要觀察。根據健康從業人員對話的產生可當作部分的判斷證據，在兒童健康篩檢的個案中，主要照護者居於主導地位，因為幼兒年紀太小，無法以告知的方式獲得他們的同意。也因此，給早期健康從業人員的年幼服務使用者的代理機構，比起早期健康從業人員的年幼服務使用者的潛力來說較不重要。

個案研究

蘇卡娜是一名助產士，她在產婦病房照顧安娜以及她的新生兒山姆。在山姆出生三天後，蘇卡娜觀察到山姆皮膚上有明顯的黃疸。蘇卡娜從過去的經驗中知道，在未滿月的嬰兒中這是很常見的，因為那是生理性黃疸，是由於膽紅素亢進，這可能會導致嚴重的神經系統疾病。然而蘇卡娜特別關心山姆這個個案，因為山姆在第三十七週就出生，而且還發現儘管山姆進食正常，但他的體重自出生後已經下降 10%，這些因素可能顯示出這是一種腦損傷，會導致腦性麻痺與聽力喪失。蘇卡娜將山姆的情況與醫生討論，並安排血液檢驗與照光治療（phototherapy）照射嬰兒床。血液檢驗結果令人放心，在兩天內山姆皮膚上的黃疸不見了，山姆體重漸增，最後山姆和安娜得以出院返家。蘇卡娜的細心觀察加上她對生理常模的知識，以及異

常的可能結果,使她能立即採取行動,以保護山姆免於永久性
的神經損傷。

◎ 社會關懷從業人員之兒童研究

社會工作者不只以觀察當作部分評估的過程,而且他們
與公共設施使用者商討、提供代理機構,並致力於對話,為
的是要對兒童的生活各方面進行判斷,以確保他們的安全與
培育。然而,社會關懷從業人員在研究兒童方面所從事的工
作,與健康以及教育領域的從業人員不同,因為不是普遍適
用於全體。社會關懷從業人員的兒童研究之之產生可能是由
其他代理機構轉介而來,例如:健康、教育或是法律等機
構,著手的原因常常基於考量兒童的安全。國家評估架構
(The National Assessment Framework)(DoH, DfEE, Home
Office, 2004)是英國社會關懷從業人員的指導方針,對於此
領域,他們的工作與建議如下:「此架構是為要提供系統的
分析、了解與記錄兒童及年輕人所居住的家庭以及社區裡的
事情,從了解中……可以下清楚且專業的判斷。」

此類研究的特別特徵與兒童健康篩檢不同,例如,是否
視個人需求驅使,因此預定了對每位兒童之不同意義(指篩
檢)。從不同的來源蒐集一系列的資料,如此可提供多重觀
點證據為依據以便下更可靠的判斷。

對社會關懷從業人員來說,國家評估架構提供了廣泛的
研究技巧(DoH, 2000),兒童以及其本身的狀況可以直接

或間接地被細察。在直接模式中，代理機構獲得權力在安全的環境中公開兒童的過去以及意見交換，使兒童變成自己未來的擁護者。除此之外，評估架構還建議由社會關懷從業人員所做的間接兒童研究，應該與其雙親、家庭成員以及其他看護人一起合作，並要找出其他消息來源，像是任何與家庭成員及兒童曾經接觸過的代理機構。一系列情況的觀察，對社會關懷從業人員來說也是重要的方法。

個案研究

社工人員麥克拜訪瑞塔（八歲）與阿德爾（七歲）兩姊弟的寄養家庭，企圖要建立他們的照顧經驗，以及了解未來他們想住哪裡。當社工人員與兩姊弟的原生家庭一起工作時，麥克確認他們的母親處於暴力的關係中，而兩姊弟是被忽視的。麥克親眼目睹小孩骯髒的穿著，頭髮裡有蝨子，以及空蕩蕩的櫥櫃。有一次，鄰居在凌晨三點告發他們，發現瑞塔與阿德爾在門口階梯上啜泣，而他們的母親正好與男友外出。麥克在過去幾週與他們的母親接觸，並了解她很渴望孩子們回家。麥克也拜訪他們的學校，班主任告知兩姊弟似乎是第一次在家庭作業上有適當的進步。孩子們告訴麥克，儘管在寄養家庭很快樂，他們還是想要回去與母親一起生活。麥克確認孩子們知道為什麼他們會被放在寄養家庭，因此，他對法庭提出報告，孩子們必須是安全且為其母親所養育，而母親必須證明她不再與有暴力傾向的男友接觸，一旦完全做到，則孩子可以返家。麥克細心地直接與間接觀察確定孩子們一切的狀況，能增進他們的安

全、關懷與快樂，以此為主要的考量。

教育從業人員的兒童研究

　　「從出生到三歲教育框架」（DfES, 2004c）以及「基礎教育階段的課程引導」（DfEE, 2000）都主張，兒童研究對他們的學習與發展而言是一種正向的工具。這些文件證明在英國的早期環境中是普遍的，且兩個架構主張，從業人員的角色在觀察兒童早期學習與發展，對未來的學習與發展而言是重要的。因此，在英國境內，學習與教學的觀察是司空見慣的事。

　　然而，如先前討論的，這似乎是更廣泛的現象。全世界強調負有責任（accountability）（Shuttleworth, 2003）替兒童的所學提供總結性的關注焦點，與診斷重點以導向兒童未來的學習與發展相對立。這可能對縮短過程及兒童們正在學習的內容，與兒童們如何學習及在未來何者適合學習有不利的影響（Laevers, 2000）。的確，Holland（2004: 76）提到：「當測驗與成績都重要時，那不是學習，而是在展示學習的總數。」並且，Athey（1990: 19）聲稱，在學校層級的責任影響是：「課程與形成性評量所傳達的是兒童實際上接收被提供之物，此將持續存在且為教師主要關心的事。」

　　Nutbrown（1999: 128）主張，「重視兒童」是「有效的早期評估的特色」，並且以解釋作為評估兒童的目的是否對兒童有所尊重，較可能是要提供評量讓成人重視，甚至可能

是為了金錢提供評量，或者是按成績付酬勞的文化。如果人們接受Nutbrown的主張，那麼，對於為了要對解釋做評估所作的觀察，可能會毀壞最後的成果，既然任何有價值的目的可能對未來學習與發展有影響，那在成果報告中作品或許會被遺忘。

如在英國基礎教育階段數據圖表（Foundation Stage Profile）（DfES, 2003）有個例子顯示，早期的從業人員對兒童的評估文件中，在某種程度上有達到這個階段的最後結果。從業者的專業判斷是建立在對於兒童的基礎階段當下和貫穿的完整觀察，並且與家長的意見交換被拿來說明，如此受過訓練的早期專家使用觀察來為兒童制定計畫，以支持兒童在基礎教育階段的學習。然而，有些從業人員描述此數據圖表很難處理，需要耗費時間來完成，所以，他們將數據圖表從兒童未來學習與發展計畫中刪除。此外，有關基礎教育階段的六個領域學習，有些一年級的老師報告說，發現在一年級關鍵階段的兒童學習很難使用數據圖表作為起始點，特別是如果兒童們在早期沒有受過訓練。儘管數據圖表是根據診斷性評量，因此變成總結性文件，那是難以用來支持兒童未來的學習與發展。它的目的也可能被用來當作是學校在兒童學習和發展以外所建立的價值，為要確保「兒童學習環境是道德且安全的」（Carr, 2001: 20）。

在研究兒童上從業人員的角色，有效地維持兒童學習與發展的完整性變得更加清楚。藉由對話與兒童學習與發展的代理機構的提倡，重視兒童與他們的家庭盡可能變得具體

化，一系列仔細與多樣的觀察在專家級的從業人員下實現，終於產生專業判斷。在早期的從業人員的專題中，以多重觀點證據為基礎是主要的工具。

個案研究

　　蘇是一位資深的從業人員。九月份的早晨，在育嬰室中，蘇觀察三歲一個月的迪凡三十分鐘，記錄他的每一個動作與互動。在其他活動中，迪凡站在靠近沙盤的地方，看著其他孩子在沙中玩耍，他移動到另一個正在說故事給一群小朋友聽的照顧者附近，他自己玩著一輛小紅車，他只是讓小紅車沿著窗台滾動數分鐘。在觀察期間，蘇並未與迪凡有交流互動，但是等小孩子們回家後，蘇與團隊討論她所觀察到的。隔天，蘇與迪凡的雙親會面，並將她觀察到的與其雙親分享。根據迪凡學習成就的全部觀點，下階段的學習計畫也呼之欲出。

總結

　　從業人員對幼小兒童的專業判斷是從業人員的知識與經驗交織而來。高度熟練的從業人員能明智而審慎地選擇與使用方法以及技巧，將他們所做的判斷與兒童及主要照護者意見交換，以告知兒童的未來發展。

　　比起過去，在公共設施、親子關係與兒童的自我倡導浮現下，現在的兒童與發展似乎被意識到且加以建構。從不同的學科中結合各種觀點，政策與立法被用來扶持兒童以實現

他的潛能，數據促成現在與未來社會的建構及觀念，並確定公眾的錢被花費在正確的地方且與政策及法規一致。這樣的意圖會被個體與廣大群眾以及民選政府策劃的人議論是明顯地利他。

　　然而，在這發生的同時，一個從毀壞性動機出發的研究兒童的觀點，正在全球漸漸普及。如果我們接受童年可能是一種社會建構的觀點與事實，那麼，我們就必須接受某些童年觀點也可以變成一種社會毀壞。今日我們在某些領域所看的可能會發展成明天普遍的事實。早期之從業人員在建構中具強勢的角色上，且能考慮兒童需求為其研究中心。

問題回應與討論

一、我們的所見如何影響所思？

二、我們的所思如何影響所見？

三、兒童觀察有何限制？

四、在兒童研究中，通常會遺漏了誰的觀點？這種方法的涵義為何？

推薦閱讀

Bruce, T and Meggitt, C. (2002) *Child Care and Education*. Lodon: Hodder and Stoughton.

Carr, M. (2001) *Assessment in Early Childhood Settings: Learning Stories*. London: Sage.

Sharman, C., Cross, W. and Vennis, W. (1995) *Observing Children: A Practical Guide*. London: Continuum.

第9章

國際視角

Tim Waller

　　本章討論一系列近來比較國際間之幼兒教育與照護所得到的結果，發現很多值得注意的相似處與趨勢，但是無論如何都需要較充分的證據，以代表世界對於兒童早期教育與關懷的觀點。本章提供早期政策與條款的概要，深度評論不同課程與見解的品質，簡短概述兩個國際有名的早期條款（義大利的 Reggio Emilia 和紐西蘭的 Te Whãriki），藉由比較讓學生發展出關鍵性觀點。本章結尾著重在是否應該以「兒童的空間」（children's spaces）取代「兒童的公共服務」（children's services）（Moss & Petrie, 2002）。

本章闡述近來國際間早期條款之概要，明確地討論當前早期兒童教育與照護的問題與重要趨勢。雖然有些統計資料在本章出現，但這裡主要不是提供詳細的統計資料，而是要使這些以研究兒童早期為主的學生能夠致力於跨國研究，提出批判反思的途徑。

愈來愈多的研究注意到，英國的早期兒童教育與照護政策，以及其他國家的實施情形，特別是在歐洲地區的經濟合作與發展組織。本章探索由經濟合作與發展組織（Organisation for Economic Co-operation and Development, OECD）的主題來評述，並架構國家之原理與實施，以給學生機會來比較各種實施方式，及對整體看法進行思考，來做可能的暗示與結果。本章討論課程與政策議題，並鼓勵讀者對英國的早期兒童教育在現今政策與實施上做批判性的分析。

由於線上資料與出版物的取得，例如：早期兒童期刊像是《當代幼兒議題》（*Contemporary Issues in Early Childhood*）[www.wwwords.co.uk/ciec]以及《早期兒童研究期刊》（*Journal of Early Childhood Research*）[ecr.sagepub.com]，近來一系列有關早期兒童國際觀點之資訊與知識漸增。然而不能否認的是，大多數的線上資料都是英文，範圍較多關注在英語系國家與歐洲地區，所以，無法代表世界性的觀點來完成早期兒童教育與關懷的全圖（見 Waller et al., 2004）。Moss 等人（2003）指出，這些限制使得我們的注意力只集中在這些國家，將會導致我們失去做跨國性研究的動力，因此，需要從世界更多國家取得資料，之後才能做更廣泛的比較。

背景（來龍去脈）

近來一些報導中已經證實，幼兒教育與照護（early childhood education and care, ECEC）有某些相似點與趨勢，以提供國際間做比較。並且也確認這些參與國家對於幼兒教育與照護政策，是使用不同範圍的兒童觀點、童年與傳統概念。

首先，經濟合作與發展組織提供幼兒教育與照護政策專題評述（Thematic Review of Early Childhood Education and Care Policy）[www.oecd.org]，資料中已經評論了十八個國家：澳洲、比利時（兩個社區）、加拿大、捷克共和國、丹麥、芬蘭、法國、匈牙利、愛爾蘭、義大利、韓國、墨西哥、荷蘭、挪威、葡萄牙、瑞典、英國及美國；其中有兩個國家在 2004 年尚待評論：奧地利與德國。Bennett（2001）所報告下述的人口統計、經濟與社會趨勢中，與兒童早期有關的：

- 人口老化、出生率降低、單親家庭的兒童變多。
- 雙薪家庭急遽增加、女性員工增加。
- 對於父母應盡的義務和男女平等，孕婦的薪水及工作保障，以及家庭假是必要的，但薪水的支付隨著國家而有所不同。
- 從衝突地區來的流亡兒童與家庭明顯的增加。

Moss 等人（2003）報導從十五個國家取得 DFES 證據，根據不同的社會福利政策歸類，包括四個英語系國家（澳洲、紐西蘭、英國、美國）；四個北歐國家（丹麥、芬蘭、

挪威、瑞典）；七個其他歐洲國家（比利時、法國、德國、義大利、荷蘭、葡萄牙、西班牙）。這十五個國家依據人口統計、職業、經濟與政策方面，在關於社會福利上做比較。一般來說，北歐國家中有較多的相似點，英語系國家亦是如此，但在其他歐洲國家中則有較多相異點（5.1-5.7 節）。此研究中主要的發現與 Bennett（2001）一致，包括：

- 出生率普遍降低（低於更替基準線，美國除外）。
- 歐洲人口老化。
- 英語系國家兒童貧窮率高（定義為居住在低收入家庭中的兒童比率），北歐國家兒童貧窮率低。
- 美國的國民平均所得最高、兒童貧窮率最高、社會支出與稅收最低。

　　Moss 等人（2003: 5.5 節）還發現，北歐地區女性雇用最高，兼差職業相當多樣，荷蘭、澳洲與英國女性員工最有可能從事兼差的工作，芬蘭與南歐國家則反之，在三個群組中，不同國家之間有相當多樣化的休假權，包括付給孕婦與父母親休假權的休假長度及支付款項，以北歐國家提供給雇用員工的休假安排最慷慨。就全面性而言（包括支付程度），英語系國家提供最低的帶薪休假，英國比起其他歐洲國家群組有較長期的帶薪休假，但是英國的帶薪產假低於統一費率水平，然而，荷蘭、葡萄牙與西班牙便須在完全產假期間支付收入有關的免稅部分。

　　經濟合作與發展組織報導「開始茁壯」（Starting Strong）

（Bennett, 2001），顯示國家在幼兒教育與照護政策採用不同的策略納入條款中，這些策略深植著特殊的價值與信念：「幼兒教育政策及條款，與文化、幼小兒童的社會信念、家庭及政府的角色、幼兒教育與照護政策的目的有強烈的關聯」（OECD, 2001: 38）。舉例來說，根據 Anning 和 Edwards（1999: 13）指出，「社會責任與民主決策的概念在丹麥人的文化生活中是最優先考量」，丹麥有個傳統就是提供基金給兒童的綜合保健，此由當地社區管理。Ofsted（2003）比較英國、丹麥、芬蘭之六歲兒童的教育，發現英國的課程多有規定且是中央集權。更重要的是，該課程之規定，較偏向英國及丹麥、芬蘭等地。就讀寫能力與計算能力來說，英國六歲兒童被期許較多，英國的兒童是能力分組，這些因素及差異與文化價值及國家看待兒童的方式有關。

◎ 政策與條款

Bennett（2003）認為，兒童教育與照護政策日漸被視為國家政策的主要因素，由於經濟狀況改變與兒童撫養方式，大多數國家預備投資兒童教育與照護政策，以促進工作、兒童的認知、社會與情感發展及生活機會。經濟合作與發展組織（OECD, 2001）報告書確認政策發展的主要焦點為：

・擴大條款以普遍接受。
・提升條款的品質。
・促進政策及公共設施的連貫性與協調性。

‧探索策略以確保該系統適當的投資。

‧改進訓練與工作情況。

‧發展幼小兒童的教學法架構。

‧家長、家庭與社區一同參與。

　　在經濟合作與發展組織的國家裡，Bennett（2003）確認以下的相似點與趨勢：

‧大多數國家從三歲開始提供幼兒教育或是幼稚園。

‧零到三歲的條款差異相當多。

‧教育與照護之間有固定的分野。

　　Curtis 和 O'Hagan（2003: 201）指出，歐洲在零至三歲及三到學齡之政策與條款有一般協定，然而，條款中的責任以及入學的起始年紀不同（見表 9.1）。Curtis 和 O'Hagan 認為，歐洲在未出生到三歲的兒童制定不適當的條款是「如出一轍的」（像是缺乏訓練、貧困的薪水級別、不良的照護結構等等），芬蘭與瑞典則是例外。英國 2003 年的「國家兒童保健政策」發現，三歲以下兒童條款有三個主要的問題：條款的質是多變的、兒童照護成本高、某些領域缺乏條款。如同 Curtis 和 O'Hagan（2003）指出，僅芬蘭及瑞典有三歲以下兒童照護條款的法定權利，在瑞典是從十八個月開始，而芬蘭是由出生開始即享有權利，這兩個國家對幼兒工作者有良好的訓練條款。Pascal 和 Bertram（2002）報導，在全國個人消費調查報告中，少數國家有三歲以下兒童之國家課程指引，

然而 Pascal 與 Bertram 主張，強調個別兒童發展興趣、需求、性格、社會與情感的幸福應該作為三歲以下課程的焦點。

✿ 表 9.1　各國之幼兒課程觀點

國家	組織體系	年紀	課程類型
北歐國家			
丹麥	地方自治	0～6	無正式的課程。
芬蘭	全國性	0～6	全面性提供架構課程。
挪威	全國性	0～6	全面性提供架構課程——兒童文化與活動由環境委員會中之家長或成員編製。
瑞典	全國性	0～6	由政府提供架構課程，包含民主制度、公民權利與義務、地方性環境解讀（超過90%以上），連結福利與教育。
英語系國家			
澳洲	區域	4～7	公家、私人與專家導向（每個區域不同）。
紐西蘭	全國性	0～5	均是合格的提供者；指導方針、混合不同地區文化、非強迫性雙語，即政府說明委員會包含不同的基金原則與目標原理。
英國（英格蘭）	全國性	3～6	專家設定、結果驅使平等的機會、政府資金根據差異提供幼兒教育。

🍀 表 9.1　各國之幼兒課程觀點（續）

國家	組織體系	年紀	課程類型
美國	州治	4～7	每個州不同，有專家導向；從州與州到地方的課程解讀分歧，有些全國性的方案。
其他國家			
比利時	傘狀結構	3～6	全面提供、專家導向課程。法蘭德斯與華隆地區——每個地區有自己的課程。
法國	全國性	3～6	政府條款與藉由「學齡手冊」（livret scolaire）的專家導向。
德國	（城）邦	3～6	只有由政府與志願者之基本原則；因邦而異。
義大利	地區	3～6	政府條款；指導方針；「ori-amenti」公民權利與義務，只有國家層級有權設立。
荷蘭	地方自治	4～6	一致的課程；幼稚園非學校，且有些為私立。
葡萄牙	全國性	3～6	指導方針非課程；多種教育部教學模式。
西班牙	全國性	0～6	提供整體架構；允許語言初學以及區域或地方文化課程，像是嘉泰羅尼亞（Cata-lan）。針對每個層級的教學障礙都有教學指導方針。

資料來源：改編自 Moss et al., 2003: 8

　　大多數的歐洲國家有零到三歲與三到五歲之私立與州立條款，Curtis 和 O'Hagan 主張，這差異有時候會導致公共設施的提供缺乏協調性。例如在1998年，儘管英國的「國家兒童保健政策」允許採用，Moss 和 Petrie（2002: 172）則建議，幼兒的政策與條款已被歸類成「契約模式」，導致短期的調查結果需要公開招標，此政策的效果是要確保中央藉由標準法來控制（Gewirtz, 2000）。Moss 和 Petrie 討論由「托兒信託」（Daycare Trust, 2001）所提供的資料，估計在英國的兒童保健公共設施有四十五種不同的資金來源。Scrivens（2002）區別市場驅動政策與專業調查間的張力，專業調查包含了教育與照護觀點，以及在政策與實施上更重視成果的觀點。

　　Penn（1999）與 Bennett（2003）指出主要政策的挑戰有：1. 需要確認充足的公共資金及納入適當的協調代理機構；2. 改進三歲以下兒童的公共設施供應，以符合需求，並改進新人訓練與幼兒教育專門人員的酬勞（特別是三歲以下兒童）。

　　Bennett（2001）與 Penn（2003）承認，兒童教育與照護政策中，三歲以下兒童之一系列共同問題包括：

- 地域性的不平等。
- 現金與資金。
- 不完整且支離破碎的公共服務。
- 對種族差異的回應。

ᘓ 課程

　　Bennett（2003）指出，大多數經濟合作與發展組織國家
提供課程架構給三到六歲兒童，就長度、細節、規定與教學
的實施，在架構上有很大的不同。Bertram 和 Pascal（2002）
及 Moss 等人（2003）並且發現，在北歐國家中，常見到對
架構的解讀會因地區有所偏頗，中央規範最強烈的是英國與
法國（3.5-3.8 節），所有課程包含個人發展的一般目標、語
言及溝通。Bertram 和 Pascal（2002）發現，如何實施幼兒教
育與照護政策中的兒童課程有某些差異，定義如下：大部分
的國家使用學科與科目，許多國家透過兒童教育及照護政策
課程來強調文化傳統，並提升社會凝聚力，只有三個國家在
兒童教育及照護政策課程中強調幼兒讀寫與計算能力。Moss
等人（2003）並且發現，以特殊科目、技巧及能力上之細節
與基準而言有廣泛的差異（3.5-3.8 節），他們主張每個國家
在報告中嘗試以不同方式去連結幼兒公共設施課程與學校課
程。只有瑞典有校外課程的條款，另外，芬蘭、西班牙、瑞
典、法國正在開發此領域之課程（3.12 節）（見表 9.1）。

　　英國資格與課程管理委員會（Qualifications and Curricu-
lum Authority, QCA）被委任檢閱二十個國家的幼兒課程
（Bertram & Pascal, 2002），其中包含澳洲、加拿大、法國、
德國、香港、匈牙利、愛爾蘭、義大利、日本、韓國、荷
蘭、紐西蘭、新加坡、西班牙、瑞典、瑞士、英屬英格蘭、
英屬愛爾蘭、英屬威爾斯及美國。Bertram 和 Pascal（2002:

7）提出下列五個重要領域的幼兒教育與照護中主要的爭
論：

1. 幼兒課程被以最廣泛的定義來看待。

2. 教學法議題（包含教學團隊的程度與資格）。

3. 兒童經驗的連貫性（進入環境之前、中、後）。

4. 幼兒教育環境品質之定義與測量。

5. 幼兒教育在未來發展上的問題與重要議題。

　　在 Bertram 和 Pascal（2002: 8）的研究中發現：「參與的
國家幾乎都提倡活潑及遊戲為基礎的教學法，教學中鼓勵自
我管理與獨立，會議代表大都認為成人應該扮演支持、扶持
與幫助的角色，而非過度的指導，有些國家像是瑞典特別不
鼓勵制式的方法。」

　　Bennett（2004）發現，在幼兒教育及照護政策中，給超
過三歲兒童的課程兩種不同的方法。首先，「教育社會學」
（social pedagogy）方法被用在北歐與中歐國家。根據 Bennett
所言，此方法原則是著重兒童整體納入以遊戲、活潑與經驗
教學法中，並強調戶外活動，兩代之間和社區間的同理心能
因此而更強化，並有短期的核心課程用以帶領幼兒教育的實
施，且鼓勵地方解讀，少有系統觀察與兒童有關的結果或測
量，那是中央的責任。其次是採用「幼兒學校」（infant
school）的方法，澳洲、比利時、法國、愛爾蘭、韓國、墨
西哥、荷蘭、英國（為初次入學之學齡兒童所設的小班）及
美國，此方法聚焦在為「入學準備」。對 Bennett 而言，此
方法具有嚴謹以及老師帶領遊戲為基礎的教學特徵，將注意

力放在達成課程目標以及測量個人表現。詳細課程有重要的
說明,並未完全納入父母親與社區,除非處於迫切需要的狀
況。

　　儘管近來幼兒教育與照護政策在世界許多較富裕的國家
中愈來愈受到歡迎與關注,Bertram 和 Pascal（2002）、Bennett
（2003）以及 Moss 等人（2003）指出一些阻礙有待跨越。連
貫兒童從家庭到另一環境,以及環境之間的早期經驗, 被
視為有效的幼兒教育與照護政策的關鍵,幼兒與初等教育與
照護是不同行政責任範圍,區分預算與專業文化是其中一個
最重要的阻礙。幼兒教育與照護政策更進一步的觀點亟需注
意的是,當時情況、訓練與工作人員的生涯發展,以及依性
別而分類的人力。

　　經濟合作與發展組織（OECD, 2001）的報告指出,若要
成功地執行幼兒教育與照護政策,必須注意八大關鍵要素:

・系統化及完善的策略發展與實施。
・教育系統之間穩固且平等的合作關係。
・包含特殊學生皆採普遍的入學方法。
・大量的公共投資。
・良好的改善措施之參與方法。
・提供員工適合的工作及訓練環境。
・有系統的關注、監督與相關數據的蒐集。
・研究及評估需有穩定的架構與長期的議程。

　　然而,Penn（2005）認為,經濟合作與發展組織的報導

提供比較實用的統計資料而做出集中在政策而非實施面的建議與討論。他對歐盟（EU）之幼兒教育與照護政策提出此論點：

> 機會均等與實施品質對公共服務來說是重要的目標，除非有適當的政府調查與好的公共建設計畫、評估及訓練才能達成。在前述的標準中，美國的表現相當差，且幾乎在最低等級，北歐國家卻做得很好。諷刺的是，美國模式重視方案中的個別改進，因此世界銀行（World Bank）與其他國際捐贈者熱衷地採用美國模式。（Penn, 2005: 181）

品質

儘管許多國家近來集中在為幼兒擴展條款，同時卻也有重要的國際趨勢來定義與評估條款「品質」的有效性。以歐盟為例，發展「幼兒公共服務品質架構」（A Framework for Quality for Early Childhood Services）（見 Penn, 1999）始於：

> 好品質的幼兒公共服務使用機會均等是歐盟的目標，好品質的公共設施是經濟與社會公共建設必需的一部分。男女之間可以使用這些公共設施的機會均等是重要的，對兒童、家庭與社區康樂而言也是重要的，在當地、區域、國家與歐盟被廣為支持也是目標之一，另一個目標

是所有地區能夠且應該合作達成目標。（European Commission Network on Childcare and Other Measures to Reconcile Employment and Family Responsibilities, 1996）

　　首先，我們要了解到品質的定義大多是從公共責任與期望而來的，所以，公共服務要「物超所值」（Elfer & Wedge, 1996）與市場化（Hill, 2003）。Moss 和 Petrie（2002: 69）並且討論品質的概念如何從商界帶入兒童教育及照護政策。其次，如 Pascal 和 Bertram（1994: 3）指出「品質是裝滿價值、主觀與動力的」，「品質」不是舉世通用，而是一種相對的概念，依兒童與童年本質的文化價值與信念而有所不同。Moss 與 Petrie 認為，此領域的幼兒教育品質被討論得愈來愈多，與多重理解的可能性是相對的。Raban 等人（2003）主張，承認品質測量的複雜性令人覺得滿意（關於品質的「普遍性」與「文化特殊性」之定義，請參見 Raban 等人於 2003 年之文章；Dahlberg 等人於 1999 年對品質的討論亦有更深一層的見解）。

　　如同 Penn（1999）所指出，除非對鞏固公共服務之價值與信念是清楚明確的，否則品質的概念將毫無意義。Elfer 和 Wedge（1996: 66）認為：「在確保品質之前，即已定義且去推展所謂好品質的觀念，則品質的觀念是被誤導的。」困難之處在於，如同 Pence（1992）所說的：「誰來定義被評估的內容？」Katz（1992）說明品質的三個方面：指標、利益相關者與受惠者，與四個觀點：由上而下、由外到內、由內

到外，以及由下而上。Pascal 和 Bertram（1994）詳述品質的十個領域作為「有效幼兒學習」方案（EEL Project）的一部分。

必須承認的是，不同利益團體對品質有不同的觀點，像是兒童、家長、從業人員與利益相關者，就品質來論幼兒教育條款時，他們對於品質的一致性指標上出現爭議（Raban et al., 2003）。Curtis 和 O'Hagan（2003: 169）討論由「世界幼兒教育組織」（World Organisation for Early Childhood Education, OMEP）與「美國幼兒教育國際化」（American Childhood Education International, ACEI）兩組織於 1999 年提出有品質的幼兒教育條款指導方針[www.ecec21.org]。兩組織同意有效率的幼兒教育條款包含「公共服務的多樣化網絡」，提供：

• 兒童所處的環境與活動空間。
• 課程內容與教學法。
• 幼兒教育者與看護。
• 與家庭及社區建立夥伴關係。
• 針對特殊需求的幼兒公共服務。
• 針對幼兒所建構的責任、監督與管理之課程。

在每個領域中，需要特別注意下列項目：
• 給予所有兒童在公共設施中平等的照料。
• 計畫與公共服務間相連結。
• 對照顧與教導幼兒的人給予肯定，包括適當的工作環境與酬勞。
• 只要可行，可使用代間方法。

・對社區、家庭與兒童給予更大的授權。

・適當與不間斷的調查機制。

・分析、監督與評估成本或課程品質。（Curtis & O'Hagan, 2003: 169-70）

　　任何一種描述品質的方式皆可定義為「品質架構」，像是《幼兒園環境量表》（*Early Childhood Environment Rating Scale*, ECERS）（Harms et al., 1998）。此架構曾用於美國與英國，用以評估每日的環境內作用（像是社會交互作用、兒童活動與實體設施），使用七點量表來評量這些方面，此量表是分析診斷與長期監督的工具。一般來說，《幼兒園環境量表》是在提供工作人員而非兒童或家長的觀點，也曾被使用在研究幼兒（例如 Phillips et al., 1987; Sylva & Siraj-Blatch-ford, 2001）。特別是《幼兒園環境量表》曾由英國教育部門（DfES）出資來評估「幼兒教育教育成效」（Effective Pro-vision of Preschool Education, EPPE），超過二千八百所英國境內的幼稚園之發展過程被評量[www.ioe.ac.uk/cdl/eppe/]。

　　「品質」是一種不確定的觀念，若只集中於某一架構或簡單的評量標準（如空間／規模），而非品質方面（如關聯性與管理安排），以及由使用情境者所建構的意義，則會出現危機。Dahlberg 等人（1999）與 Moss（2001d: 130）認為，「品質不是中性的，而是社會建構的」，品質的觀念已有自成一格的論述（如「卓越中心」等等），並且藉由業已決定以及標準化準則來評估幼兒教育的效能，根據 Moss（2001d:

131）所言，此將導致「教學的一致性、標準化……與限定的結局」。Dahlberg 等人（1999）與 Moss（2001d）比較「品質論」與可供選擇的「意義建構論」，其中，意義建構論「認可理解與評價之協商及臨時性質的了解及評估」（Moss, 2001d: 132）。「意義建構論」認可幼兒教育的成效之判斷，是在特殊的情境中根據情境中資料的意義被建構、討論與爭論出來的（例如 Reggio Emilia 所採用的教學法）。

　　針對國際觀點對於幼兒教育及照護政策的反應和討論，接著我們要來探討兩個知名的幼兒教育條款：Reggio Emilia 和 Te Whãriki 的論點，進一步細節請參閱「五種綱要」（Five Curriculum Outlines）（OECD, 2004）。

Te Whãriki

　　Te Whãriki 是於 1996 年在紐西蘭所發展的幼兒課程，已受到世人廣泛的注意，因為此課程的方法新穎且異軍突起。Whãriki（或 mat）被視為一種象徵，意味著將幼兒教育中原則、不同人的立場、原理與公共設施交織的意思。此種方法中將兒童視為「有能力的學習者與傳播者」，此方法培養整體觀的課程計畫與學習：「此兒童課程是在以下的渴望中發現：在成長中成為有能力與自信的學習者與傳播者，擁有健康的身、心、靈，無虞的歸屬感並貢獻知識於社會。」（MoE, 1996: 9）

　　根據 Podmore（2004: 152）主張，廣泛的協商以出現一個創新的二元文化架構為終結，在毛利族（Maori）的研究

之部分文獻中亦有相同的見解。Te Whãriki 架構的論點在從業人員中廣受支持，此架構驗證兒童的學習結果與學習者生活中之人、地與事的工作原理，以及學習配置相呼應（MoE, 1996）。Te Whãriki 邀請從業人員利用架構中的原則、組成因素與目標來編排他們自己的課程，並將焦點放在從兒童的觀點來定義與評估幼兒教育的實施。

Te Whãriki 的四個重要原則為：

1. 活力化（empowerment）。
2. 整體發展。
3. 納入家庭與社區。
4. 人際關係。

五個組成因素為：

1. 福祉。
2. 歸屬感。
3. 貢獻率。
4. 溝通。
5. 探索。

目標是在每個組成部分範圍內凸顯從業人員支持兒童的方式，而非其技巧或內容，提倡以四個原則為準則來找出兒童的興趣，並以專題的方式呈現，指導方針運用在各種情境中的所有兒童，包含給予有特殊需求的兒童之個別發展計畫（Individual Development Plan, IDP）。

隨著地方文化的不同，在內容上做彈性調整是必要的，包括在紐西蘭境內的毛利人。Anning 等人（2004: 12）認

為，在紐西蘭之兒童教育與照護政策中有力的自由發揮傳統，意味著透過企劃的實施，已慢慢將個人自我選擇的活動變成協同學習。在世界各國的許多幼兒教育與照護政策的計畫中，儘管 Te Whāriki 的原則深獲支持，Anning 等人發現一個由上而下的問題，即是政府會要求在課程中給予較多讀寫與計算能力之課程內容。Cullen（1996）並認為，Te Whāriki 主張的彈性課程會導致幼兒教育計畫的品質出現變化。

Anning 等人（2004: 11）描述紐西蘭之幼兒教育公共服務為「主要以社區為基礎」，少有共享的歷史，且在幼兒與小學教育間也少有連貫。自 2002 年開始，紐西蘭政府已發展出一套促進協同關係的十年幼兒計畫（Pathways to the Future: Nga Huarahi Aratiki, MoE, 2002），以增加幼兒教育與照護政策之公共設施參與及品質。

Ⓖ Reggio Emilia

過去四十年來，Reggio Emilia 因為其幼兒計畫而舉世聞名，Reggio Emilia 是位於北義大利 Emilia Romagna 地區的一個城市，約有十五萬人口，該區為歐洲最富裕的地區之一。自從 1963 年開始，Reggio Emilia 自治區已發展出適合自治區中出生到六歲之兒童公共服務，後來發展到共有三十三個幼兒中心之聯絡網，組織而成 Asili Nido（為三個月到三歲之兒童而設）與 Scuole del Infanzia（為三到六歲之兒童所設），這些幼兒中心是為要與父母親及當地社區聯繫，兒童的權益受到相當的重視。

Loris Malaguzzi（1920-94）是第一個自治區幼兒中心的首長，對 Reggio 計畫的發展有重要的影響。他主張「關聯教學」（a pedagogy of relationships），具備正向及參與兒童教育的觀點，並提倡寬宏大量與樂觀的人性。對 Moss（2001d）而言，此正向的方法反對「將兒童置於風險之中」或「需要之中」，不只是因為會產生「貧乏的兒童」，也會因為將兒童的需求主題變成以權力為主。

Curtis 和 O'Hagan（2003: 217）將 Reggio Emilia 方法摘要出以下六項：

1. 實施的核心是兒童發展。
2. 教師—兒童的關係是重要的。
3. 建立課程有必要考量兒童的過去經驗。
4. 豐富的環境對發展兒童學習是重要的。
5. 教師不間斷的專業發展很重要。
6. 父母親的角色在學校生活中的重要性。

Reggio 方法的主要特色是提倡成人與兒童間的溝通，並與家人一同參與教育計畫，促進聯合領導與社會的精神特質（Nutbrown & Abbott, 2001: 1）。Malaguzzi 將兒童視為獨立自主且有能力從經驗中創造意義，「兒童自我學習與一同學習是在成人的幫助下建構相互作用的經驗，以支援彼此的學習，成人們確認所選擇與組織的過程及策略，與幼兒教育目標是一致的」（Malaguzzi, 1993: 78）。如同 Rinaldi 和 Moss（2004: 2）指出方法中之「學習是不斷建構、測試與再建構理論之過程，學習是不斷研究的主題，且必須透明化」，知

識是建構過程的產品，包含解釋與意義製造，兩者是一起建構出來的。Moss（2001d: 128）引用 Rinaldi（Reggio 的前幼兒中心教學主任）：「兒童所學是從自我與社會建構過程中浮現出來」。對 Rinaldi 而言，「學習是與其他人主觀建構真實的過程」，因此，從業人員不是知識與文化的傳遞者，而是在兒童一起建構自我的知識與文化中的促進者，從業人員的工作是提供兒童自己能夠探索更深的問題內容（Moss, 2001d: 129）。孩子不僅被視為強而有能力的學習者，孩子也有權利處在可以激發他們學習的環境。環境在動機的促使上有很大的影響力：

> 毋庸置疑的，學校應該有權主張他們自己的環境、他們的建築，以及他們自己的理念，與使用他們的空間、形式和功能。我們很重視環境對於動機激發和自主學習的影響力，以建立關係、選擇、情感與認知情勢，用以產生安適感與安全感。（Malaguzzi, 1996: 40）

除了承諾「藉由傾聽讓兒童可發展他們深度的洞察力」，Nutbrown 和 Abbott（2001 : 4）鑑定兩個 Reggio 方法中更進一步的顯著特徵：時間（討論孩子和他們的企劃）以及協同工作（教師總是兩人一組，負責一組學齡前兒童）。

Reggio 方法並且被分類為多種教學工具，為了要以嚴格、開放與動力的方式來發展幼兒訓練，例如：教學法文獻，文獻中以各種不同的方式提供學習過程，如此可分享、

討論、仔細考慮與解釋。Hoyuelos（2004: 7）建議這些文獻代表意見交換、交流與分享的特別工具，支援透明學校（transparent school）之意識型態的觀念。對 Vecchi（1993: 96）而言，文獻的程序是「民主的結果，用以告知大眾關於學校的內容」。Rinaldi 和 Moss（2004: 3）認為，此為「資料的獨特來源——對老師、兒童、家庭，與任何想要更進一步了解兒童思考方式的策略而言是珍貴的」。詳細的策略討論文獻，請參見 Dahlberg 等人（1999）發表之研究。

Reggio Emilia 成為世界最知名的幼兒教育系統之一，每年許多幼兒教育專家都會到 Reggio 參訪以研究該方法。自從 1981 年的 Reggio 展——「兒童的百種語言」（The Hundred Language of Children）曾巡迴全世界有「Reggio 聯絡網」的十三個國家展出，此方法愈來愈受歡迎（詳細內容可參見英國網）。Reggio 對美國與瑞典有特別的影響（見 Dahlberg et al., 1999）。然而，Johnson（1999）主張，廣泛地稱讚 Reggio Emilia 已導致幼兒教育成為「貨物崇拜」（cargo cultis），他認為 Reggio Emilia 已「迪士尼化」，在美國提倡此方法，且已控制相關機構與該知識結構。

然而嘗試複製在義大利環境與文化中發展出來的 Reggio 系統，尚有相當的困難，Reggio 的真正涵義是，參觀此區域或展覽的許多幼兒從業人員被鼓勵批判性地深思他們自己實施上的問題（Moss, 2001b）。正如 Curtis 和 O'Hagan（2003: 218）所指出：「採用此方法意味著接受與了解在該文化中此方法所強調的原則與哲理。」Reggio 有其持續性的影響，

因為如同 Rinaldi 和 Moss（2004: 2）主張：「Reggio 不是一種產生已決定或可預測的結果之模式，而是產生問題與不確定事物的地方，主要受歡迎的是其課程之改變與創新。」Moss（2001b: 125）提醒我們：「Reggio 要求並期望我們去問許多幼兒教育與照護政策中的批判性問題，Reggio 如此重要是因為它提醒我們不同的思考是可能的。」對 Nutbrown 和 Abbott（2001）而言，「倡導的能力或許是每個人面對 Reggio Emilia 經驗中最寶貴與持久的遺產」。如 Gardner（2004: 16）宣稱 Reggio 的幼兒教育中心「是人類可能性的明證」。

✎ 總結

本章已討論近來幼兒教育與照護之國際研究中一系列的成果，過去二十年來，許多重要的趨勢已得到證明，人口統計學、政治的與經濟的改變，導致人們對幼兒教育與照護政策產生興趣，且開始投資心力。Bertram 和 Pascal（2002）主張，「新的幼兒教育與照護政策力學」正開始在全世界產生衝擊，在某些國家是「完全創新與空前的」；同時，在市場驅動政策與專家調查之新文化間產生緊張局勢，包含教育及照護的觀點，與著重結果之觀點的政策與實施（Scrivens, 2002）。這是評估幼兒教育與照護政策及確認與衡量「品質」的證據，本章中「品質」被視為一種與文化相關的問題概念。

在此簡介了兩個國際知名的幼兒教育條款（義大利之 Reggio Emilia 與紐西蘭之 Te Whãriki），讓各位讀者明瞭批判

的洞察力可藉由比較來發展。Bertram 和 Pascal（2002）及
Moss 等人（2003）指出跨國研究有數個益處，首先是將自己
區域或國家內的條款與其他地區或國家比較，理所當然，我
們可以仔細探究傳統假設與實施，這過程可使國內的實施透
明化，並顯示政策的影響對幼兒的獨特理解等等，如此會促
進批判性思考。例如，Moss 等人（2003）指出，為何英國幼
兒幾乎較歐洲其他國家早開始教育？造成了什麼結果？為何
在英國不同地區之教育組織不同？當然，在使用跨國資料與
證據上會有些許限制。Bertram 和 Pascal（2002）主張，幼兒
教育與照護政策的實施在於國人的了解，以及家庭與幼兒在
社會中的位置，因此，需要考量地方文化與理解跨國研究，
適用於此國家之文化方式可能會完全不適用於另一個國家，
因為語言與意義的不同會是問題所在。例如在英國，幼兒意
味著五歲以下的兒童，但在瑞典常被用來描述七歲以前尚未
開始正規教育的兒童。使用國際統計數值也會產生翻譯上的
問題。

　　Moss（2001b）根據幼兒條款提出幾個要點，他主張幼
兒條款須考慮兒童觀點，也主張兒童早期的建構有兩個可能
的意義：對於已決定的結果可以進行高效率的產出，或是如
「兒童的空間」提供兒童與成人機會，雖然產生的結果可能
是未知的。其中的涵義是指教育與照護的專有名詞太約束
──照護並非只關於有工作的父母親所做的安排，他建議需
要將幼兒系統與教育系統的關係此一更寬廣的幼兒觀點考量
在內。Moss 和 Petrie（2002: 40）進一步從兒童觀點發展模

式，將兒童視為「與成人相同的年幼公民及共同利益者」。
Moss 與 Petrie 挑戰幼兒從業人員與條款訂定者，想為幼兒再
構想出其他條款，他們認為兒童在環境中有相同的地位與所
有權，因此「兒童公共服務」的概念應該用「兒童空間」取
代。Dahlberg 和 Moss（2005）持續討論以提供「敘事的可行
性」之強烈理由，其中，幼兒從業人員被鼓勵對幼兒教育與
照護政策（如 Reggio）中的新想法與可能性持開放的態度，
且不要拘泥於「敘事的結果」，而限制幼兒政策實施的可測
量性與可決定性。

問題回應與討論

一、跨國研究的益處為何？

二、從英國幼兒教育與照護政策條款，你是否有任何批
判性觀點？

三、為了對該國之幼兒教育與照護政策有所了解，你認
為是否需要拜訪該國？

四、為何在測量幼兒教育與照護政策的「品質」上永遠
是主觀的？

五、Reggio 與紐西蘭的幼兒政策實施，對英國而言有何
涵義？

推薦閱讀

Anning et al. (2004) discuss early years provision and research in three different contexts: Australia, New Zealand and the UK.

Boushel (2002) reviews childrearing across a number of different cultures.

MacNaughton (2003) provides information on approaches to the early years curriculum from a range of countries across the world.

Moss and Petrie (2002) dedicate a whole chapter to ECEC in Sweden.

Penn (1997) compares nursery education and policy in Italy, Spain and the UK.

Penn (2000) presents an overview of global early childhood services.

Penn (2005) includes a chapter with a comparative overview of early years practice in China, North America, Europe and number transitional countries such as Russia. She also briefly discusses practice and children's lives in a number of Asian and African countries and draws attention to studies such as Tobin (1995)who videoed life in nurseries in China, Japan and the USA.

The website *www.childcareincanada.org* is also a very useful source of international information about ECEC.

參考文獻

Abbott, L. and Hevey, D. (2001) 'Training to work in the early years: developing the climbing frame', in G. Pugh (ed.) *Contemporary Issues in the Early Years: Working Collaboratively with Children* (3rd edn). London: Sage.

Abrahams, C. (1994) *The Hidden Victims – Children and Domestic Violence*. London: NCH Action for Children. Available online at: *www.nch.org.uk* [Accessed 17/10/04].

Acheson, D. (1998) *Independent inquiry into inequalities in health*. Report of the committee chaired by Sir Donald Acheson. London: HMSO.

Alderson, P. (2005) 'Children's rights: a new approach to studying childhood', in H. Penn, *Understanding Early Childhood: Issues and Controversies*. Maidenhead: Open University Press and McGraw-Hill Education.

Alwin, D.F. (1990) 'Historical changes in parental orientations to children', *Sociological Studies of Child Development*, 3: 65–86.

Anning, A. and Edwards, A. (1999) *Promoting Children's Learning from Birth to Five*. Buckingham: Open University Press.

Anning, A., Cullen, J. and Fleer, M. (eds) (2004) *Early Childhood Education*. London: Sage.

Anning, A. (2004b) 'The co-construction of an early childhood curriculum', in A. Anning, J.Cullen and M. Fleer (eds) *Early Childhood Education*. London: Sage.

Aries, P. (1962) *Centuries of Childhood*. London: Cape.

Arnold, C. (2003) *Observing Harry: Child Development and Learning 0–5*. Maidenhead: Open University Press.

Athey, C. (1990) *Extending Thought in Young Children: A Parent–Teacher Partnership*. London: Paul Chapman.

Aubrey, C., David, T., Godfrey, R. and Thompson, L. (2002) *Early Childhood Educational Research*. London: Routledge Falmer.

Aubrey, C., Quick, S., Lambley, C. and Newcomb, E. (2002) *Implementing the Foundation Stage in Reception Classes*. London: Department for Education and Skills.

Bailey, R., Doherty, J. and Jago, R. (2003) 'Physical development and physical education', in J. Riley (ed.) *Learning in the Early Years: A Guide for Teachers of 3–7*. London: Paul Chapman Publishing.

Banks, S. (2004) *Ethics, Accountability and Social Professions*. Basingstoke: Palgrave Macmillan.

Bennett, J. (2001) 'Goals and curricula in early childhood', in S. Kammerman (ed.) *Early Childhood Education and Care: International Perspectives*. New York: The Institute for Child and Family Policy at Columbia University.

Bennett, J. (2003) 'Starting strong – the persistent division between education and care', *Journal of Early Childhood Research*, 1(1): 21–48.

Bennett, J. (2004) 'Curriculum Issues in National Policy Making'. Paper presented at the EECERA Annual Conference, Malta (September).

Bennett, N., Desforges, C., Cockburn, A. and Wilkinson, B. (1984) *The Quality of Pupils' Learning Experiences*. London: Lawrence Erlbaum.

Bennett, N., Wood, L. and Rogers, S. (1997) *Teaching Through Play: Teachers, Thinking and Classroom Practice*. Buckingham: Open University Press.

Berk, L. (2000) *Child Development* (5th edn). Boston: Allyn and Bacon.

Berk, L. and Winsler, A. (1995) *Scaffolding Children's Learning: Vygotsky and Early Childhood Education*. Washington DC: NAEYC.

Bertram, T. and Pascal, C. (2002) *Early Years Education: An International Perspective*. London: QCA/Nfer.

Bilton, H. (1999) *Outdoor Play in the Early Years: Management and Innovation*. London: David Fulton.

Blakemore, S.J. (2000) *Early Years Learning*. (Post Report 140) London: Parliamentary Office of Science and Technology.

Blakemore, S.J. and Frith, U. (2000) 'The implications of recent developments in neuroscience for research on teaching and learning'. ESRC-TLRP [available: *www.ex.ac.uk/ESRC-TLRP*].

Booth, T. and Ainscow, M. (eds) (1998) *From Them to Us: An International Study of Inclusion in Education*. London: Routledge.

Boushel, M. (2000) 'Child rearing across cultures', in M. Boushel, M. Fawcett and J. Selwyn (eds) *Focus on Early Childhood: Principles and Realities*. Oxford: Blackwell.

Blatchford, P. (1998) *Social Life in School*. London: Falmer Press.

BMA (2001) *Consents, Rights and Choices in Health Care for Children and Young People*. London: BMJ Books.

Bowlby, J. (1969) *Child Care and the Growth of Love*. Harmonsworth, Pelican.

Bransford, J.D., Brown, A.L. and Cocking R.R. (2000) *How People Learn: Brain, Mind, Experience and School*. Washington, DC: Academy Press.

Braye, S. (2000) 'Participation and involvement in social care: an overview', in H. Kemshall and R. Littlechild (eds) *User Involvement and Participation in Social Care: Research Informing Practice*. London: Jessica Kingsley Publishers Limited.

Bremner, G. and Fogel, A. (2004) *Infant Development*. Oxford: Blackwell.

Brierley, J. (1994) *Give me a Child Until he is Seven: Brain Studies and Early Education* (2nd edn). London: The Falmer Press.

British Educational Research Association Early Years Special Interest Group (BERA SIG) (2003) *Early Years Research: Pedagogy, Curriculum and Adult Roles, Training and Professionalism*. Southwell, Notts: BERA.

Bronfenbrenner, U. (1977) 'Toward an experimental ecology of human development', *American Psychologist*, 32: 513–531.

Brooker, E. (2002) *Starting School: Young Children Learning Cultures*. Buckingham: Open University Press.

Brooker, L. and Broadbent, L. (2003) 'Personal, social and emotional development: the child makes meaning in the world', in J. Riley (ed.) *Learning in the Early Years: A Guide for Teachers of 3–7*. London: Paul Chapman Publishing.

Brown, A. (1987) 'Metacognition, executive control, self-regulation and other more mysterious mechanisms', in F. E. Weinert and R. H. Kluwe (eds) *Metacognition, Motivation and Understanding*. Hillsdale, NJ: Erlbaum.

Brown, B. (1998) *Unlearning Discrimination in the Early Years*. Stoke on Trent: Trentham Books.

Bruce, T. (1991) *Time to Play in Early Childhood Education*. London: Hodder and Stoughton.

Bruce, T. (1996) *Helping Young Children to Play*. London: Hodder and Stoughton.

Bruce, T. (1997) *Early Childhood Education* (2nd edn). London: Hodder and Stoughton.

Bruce, T. (2001) *Learning Through Play – Babies, Toddlers and the Foundation Years*. London: Hodder and Stoughton.

Bruce, T. and Meggitt, C. (2002) *Child Care and Education*. London: Hodder and Stoughton.

Bruer, J.T. (1997) 'Education and the brain: a bridge too far', *Educational Researcher*, 26(8): 4–16.

Bruner, J.S. (1978) 'The role of dialogue in language acquisition', in A. Sinclair, R. Jarvella and W.J.M. Levelt (eds) *The Child's Conception of Language*. New York: Springer.

Bruner, J.S. (1986) *Actual Minds, Possible Worlds*. Cambridge, MA: Harvard University Press.

Bruner, J.S. (1990) *Acts of Meaning*. Cambridge, MA: Harvard University Press.

Bruner, J.S. (1996) *The Culture of Education*. Cambridge, MA: Harvard University Press.

Buckingham, D. (2000) *After the Death of Childhood. Growing Up in the Age of Electronic Media*. Cambridge: Polity Press.

Buckingham, D. (2004) 'New media, new childhoods? Children's changing cultural environment in the age of technology', in M.J. Kehily (ed.) *An Introduction to Childhood Studies*. Maidenhead: Open University Press and McGraw-Hill Education.

Burr, R. (2002) 'Global and local approaches to children's rights in Vietnam', *Childhood*, 9(1): 49–61.

Burr, R. (2004) 'Children's Rights. International policy and lived practice', in M.J. Kehily (ed.) *An Introduction to Childhood Studies*. Maidenhead: Open University Press.

Butcher, T. (2002) *Delivering Welfare* (2nd edn). Buckingham: Open University Press.

Calder, M.C. and Hackett. S. (eds) (2003) *Assessment in Child Care: Using and Developing Frameworks for Practice*. Lyme Regis: Russell House Publishing.

Canella, G.S. (1997) *Deconstructing Early Childhood Education: Social Justice and Revolution*. New York: Peter Lang.

Canella, G.S. and Greishaber, S. (2001) 'Identities and possibilities', in S. Greishaber and G. Canella (eds) *Embracing Identities in Early Childhood Education: 'Diversity and Possibilities'*. New York: Teachers College Press.

Carnwell, R. and Buchanan, J. (eds) (2005) *Effective Practice in Health and Social Care: A Partnership Approach*. Berkshire: Open University Press.

Carr, A. (ed.) (2000) *What Works With Children and Adolescents? A Critical Review of Research on Psychological Interventions with Children, Adolescents and their Families*. London: Routledge.

Carr, M. (2001) *Assessment in Early Childhood Settings*. London: Paul Chapman Publishing.

Carrier, J. and Kendell, A. (1995) 'Professionalism and inter-professionalism in health and community care: some theoretical issues', in Owens, P., Carrier, J. and Horder, J. (eds) *Inter-professional issues in community and primary health care*. London: Macmillan.

Caspi A., Newman D.L, Moffitt T.E. and Silva P. A. (1996) 'Behavioural observations at age 3 years predict adult psychiatric disorders' *Archives of General Psychiatry*, 53: 1033–1039.

Catherwood, D. (1999) 'New views on the young brain: offerings from developmental psychology to early childhood education', *Contemporary Issues in Early Childhood*, 1(1): 23–35.

Central Advisory Council for Education (1967) *Children and their Primary Schools* (the Plowden Report). London: HMSO.

Claxton, G. (1990) *Teaching to Learn*. London: Cassell.

Clark, A. and Moss, P. (2001). *Listening to Young Children: The Mosaic Approach*. London: National Children's Bureau.

Cohen, D., Stern, D. and Balaban, N. (1997) *Observing and Recording the Behaviour of Young Children*. New York: Teachers' College Press.

Cole, M. (1996) *Cultural Psychology: A Once and Future Discipline*. Cambridge, MA: The Belknap Press of Harvard University Press.

Connell, R. (1987) *Gender and Power*. Sydney: Allen and Unwin.

Corsaro, W.A. (1997) *The Sociology of Childhood*. London: Pine Forge Press.

Cousins, J. (1999) *Listening to Four-Year-Olds*. London: The National Early Years Network.

Cowley, S. and Houston, A. (2002) An empowerment approach to needs assessment in health visiting practice. *Journal of Clinical Nursing*, 11(5): 640–650.

Craig T. K. and Hodson. S. (1998) 'Homeless youth in London: I. childhood antecedents and psychiatric disorder', *Psychological Medicine*, 28(6): 1379–1388.

Crimmens, D. and West, A. (2004) *Having Their Say. Young People and Participation: European Experience*. Lyme Regis: Russell House Publishing.

CSIE (2000) *Index for Inclusion*. Bristol: Centre for Studies on Inclusion.

Cullen, J. (1996) 'The challenge of Te Whāriki for future development in early childhood education', *Delta*, 48(1): 113–25.

Cullen, J. (2004) 'Adults co-constructing professional knowledge', in A. Anning, J. Cullen and M. Fleer (eds) *Early Childhood Education*. London: Sage.

Cunningham, H. (1995) *Children and Childhood in Western Society Since 1500*. London: Longman Group Ltd.

Curry, N. and Johnson, C. (1990) *Beyond Self-esteem: Developing a Genuine Sense of Human Value*. Washington DC: NAEYC.

Curtis, A. (1994) 'Play in different cultures and different childhoods', in J.R. Moyles (ed.) *The Excellence of Play*. Buckingham: Open University Press.

Curtis, A. and O'Hagan, M. (2003) *Care and Education in Early Childhood*. London: Routledge.

David, T. (ed.) (1999) *Young Children Learning*. London: Paul Chapman Publishing Ltd.

Dahlberg, G. (1985) *Context and the Child's Orientation to Meaning: A Study of the Child's Way of Organising the Surrounding World in Relation to Public Institutionalised Socialisation.* Stockholm: Almqvist and Wiskell.

Dahlberg, G., Moss, P. and Pence, A. (1999) *Beyond Quality in Early Childhood Education and Care: Postmodern Perspectives.* London and New York: RoutledgeFalmer.

Dahlberg, G. and Moss, P. (2005) *Ethics and Politics in Early Childhood Education.* London and New York: RoutledgeFalmer.

De Mause, L. (ed.) (1976) *The History of Childhood.* London: Routledge.

Department for Constitutional Affairs (2004) *Freedom of Information Act (2004).* Available online at: *http://www.dca.gov.uk* [Accessed 12/12/04].

Department for Education and Department of Health (1999) *National Healthy School Standards Document.* London: HMSO.

Department of Education and Science (1978) *Special Educational Needs: Report of the Committee of Enquiry into the Education of Handicapped Children and Young People.* London: HMSO.

Department for Education and Employment (1994) *Code of Practice on the Identification and Assessment of Special Educational Needs.* London: HMSO.

Department for Education and Employment (1997) *Excellence for All Children: Meeting Special Educational Needs.* London: HMSO.

Department for Education and Employment (1998) *The National Literacy Strategy.* London: Department for Education and Employment.

Department for Education and Employment (1999a) *The National Curriculum.* London: Department for Education and Employment and Qualifications and Assessment Authority.

Department for Education and Employment (1999b) *The National Numeracy Strategy.* London: Department for Education and Employment.

Department for Education and Employment (2000) *Curriculum Guidance for the Foundation Stage.* London: Qualifications and Curriculum Authority.

Department for Education and Skills (2001) *Special Educational Needs Code of Practice.* London: DfES Publications.

Department for Education and Skills (2001) *National Guidelines for Nutrition in Schools.* London: HMSO.

Department for Education and Skills and Qualifications and Curriculum Authority (2003) *Foundation Stage Profile.* London: Qualifications and Curriculum Authority.

Department for Education and Skills (2004a) *Meeting the Childcare Challenge.* Available online at: *www.standards.dfes.gov.uk* [Accessed 13/12/04.].

Department for Education and Skills (2004b) *Thinking Skills*. Available online at: *www.standards.dfes.gov.uk/thinkingskills/resources/565178? view=get – 24k –* [Accessed 12/12/04].

Department for Education and Skills (2004c) *Birth to Three Matters*. Available online at: *http://www.surestart.gov.uk* [Accessed 13/12/04].

Department for Education and Skills (2004d) *Children Act 2004*. London: HMSO.

Department for Education and Skills (2004e) *Every Child Matters: Change for Children*. London: HMSO. Available online at: *http://www.everychildmatters.gov.uk/* [Accessed 17/12/04].

Department of Health (1989) *Children Act 1989*. London: HMSO.

Department of Health (1991) *Working Together Under the Children Act 1989: A Guide for interagency Cooperation for the Protection of Children from Abuse*. London: HMSO.

Department of Health (1998) *Working Together to Safeguard Children: New Proposals For Interagency Cooperation*. London: HMSO. Available online at: *www.doh.gov.uk* [Accessed 17/12/04].

Department of Health (1998) *Saving Lives: Our Healthier Nation*. London: HMSO.

Department of Health (1999) *Making a difference: Strengthening the nursing, midwifery and health visiting contribution to health*. London: HMSO.

Department of Health (2000) *Framework for the Assessment of Children in Need and their Families*. London: HMSO.

Department of Health (2000) *The NHS Plan*. London: HMSO.

Department of Health (2001a) *School Nurse Practice Development Pack*. London: HMSO.

Department of Health (2001b) *Health Visitor Practice Development Pack*. London: HMSO.

Department of Health (2004) *National Service Framework for Children, Young People and Maternity services*. London: HMSO.

Department of Health (2004a) *Best Practice Guidance for Doctors and Other Health Professionals on the Provision of Advice and Treatment to Young People Under 16 on Contraception, Sexual and Reproductive Health*. Available online at: *http://www.dh./gov/uk/PublicationsAndStatistics/ PublicationsPolicyAnd Guidance/fs/en*. [Accessed 28/12/04].

Department of Health (2004b) *National Standards, Local Action: Health and Social Care Standards and Planning Framework*. London: Department of Health.

Department of Health (2004c) *National Service Framework for Children, Young People and Maternity Services: The Mental Health and Psychological Wellbeing of Children and Young People*. London: Department of Health.

Department of Health, Department for Education and Employment, Home Office (2004) *Framework for the Assessment of Children in Need and their Families.* London: The Stationery Office.

Department of Health and Social Security (1973) *Report on the Working Party on Collaboration Between the NHS and Local Government.* London: HMSO.

Diggle, L. (2004) Childhood Immunisation programme: current changes. *Community Practitioner,* 77(9) Sept: 347–349.

Dominelli, L. (2002) *Anti-oppressive Social Work Theory and Practice.* Basingstoke: Pallgrave Macmillan.

Donaldson, L., Mullally, S. and Smith, J. (2004) *New vaccinations for the childhood immunisation programme.* London: HMSO.

Donaldson, M. (1978) *Children's Minds.* Harmondsworth: Penguin.

Donaldson, M. (1992) *Human Minds: An Exploration.* Harmondsworth: Penguin Books.

Donaldson, M. (1993) 'Sense and sensibility: some thoughts on the teaching of literacy', in R. Beard (ed.) *Teaching Literacy Balancing Perspectives.* London: Hodder and Stoughton.

Doyle, C. (1997). 'Emotional abuse of children: issues for intervention', *Child Abuse Review,* 6: 330–342.

Draper, L. and Duffy, B. (2001) 'Working with parents', in G. Pugh (ed.) *Contemporary Issues in the Early Years.* London: Paul Chapman.

Drifte, C. (2001) *Special Needs in Early Years Settings: A guide for practitioners.* London: David Fulton.

Dunn, J. (1988) *The Beginnings of Social Understanding.* Oxford: Basil Blackwell.

Dunn, J., Bretherton, I. and Munn, P. (1987) 'Conversations about feeling states between mothers and their young children', *Developmental Psychology,* 23: 132–139.

Dweck, C. and Leggett, E. (1988) 'A social-cognitive approach to motivation and personality', *Psychological Review,* 95(2): 256–273.

Dwivedi, K. N. and Harper, B.P. (2004) *Promoting the Emotional Well Being of Children and Adolescents and Preventing Their Mental Ill Health: A Handbook.* London: Jessica Kingsley

Dyson, A. and Millward, A. (2000) *Schools and Special Needs: Issues of Innovation and Inclusion.* London: Paul Chapman.

Edgington, M. (2004) *The Foundation Stage Teacher in Action: Teaching 3, 4 and 5-Year Olds.* London: Paul Chapman.

Edwards, D. and Mercer, N. (1987) *Common Knowledge: The Development of Understanding in the Classroom.* London: Methuen.

Eekelaar, J. (1992) 'The importance of thinking that children have rights', in P. Alston and J. Seymour (eds) *Children's Rights and the Law*. Oxford: Clarendon Press.

Elfer, P. and Wedge, D. (1996) 'Defining, measuring and supporting quality', in G. Pugh (ed.) *Working Collaboratively for Children* (2nd edn). London: National Children's Bureau.

Eraut, M. (1999) 'Non-formal learning in the workplace'. Paper presented at Researching Work and Learning Conference, Leeds, September 1999.

Eyesearch.com. Available online at: *www.eyesearch.co,/optical.illusions.htm* [Accessed: 10/10/04].

Facer, K., Furlong, J., Furlong, R. and Sutherland, R. (2002) *ScreenPlay: Children and Computing in the Home*. London: RoutledgeFalmer.

Farson, R. (1974) *Birthrights*. London: Collier Macmillan.

Fawcett, M. (2000) 'Historical views of childhood', in M. Boushel, M. Fawcett and J. Selwyn (eds) *Focus on Early Childhood: Principles and Realities*. Oxford: Blackwell.

Finkelhor, D. (1984). *Child Sexual Abuse: New Theory and Research*. New York: The Free Press.

Fjørtoft, I. (2001) 'The natural environment as a playground for children: the impact of outdoor play activities in pre-primary school children', *Early Childhood Education Journal*, 29(2): 111–117.

Fjørtoft, I. and Sageie, J. (2000) 'The natural environment as a playground for children: landscape description and analyses of a natural playscape', *Landscape and Urban Planning*, 48: 83–97.

Fortin, J. (2003) *Children's Rights and the Developing Law*. London: Butterworth.

Franklin, B. (ed.) (2002) *The New Handbook of Children's Rights. Comparative Policy and Practice*. London: Routledge.

Freeman, M. (1983) *The Rights and Wrongs of Children*. London: Pinter.

Froebel, F. (1906) *The Education of Man*. New York: Appleton.

Frones, I. (1994) 'Dimensions of childhood', in J. Qvortrup, G. Sgritta and H. Wintersberger (eds) *Childhood Matters: Social Theory, Practice and Politics*. Aldershot: Avebury.

Gabriel, N. (2004) 'Being a child today', in J. Willan, R. Parker-Rees and J. Savage (eds) *Early Childhood Studies*. Exeter: Learning Matters.

Gardner, H. (1983) *Frames of Mind: The Theory of Multiple Intelligences*. New York: Basic Books.

Gardner, H. (2004) In, C. Rinaldi and P. Moss (2004) 'What is Reggio?', *Children in Europe*, (March), (6): 3.

Gerhardt, S. (2004) *Why Love Matters: How Affection Shapes a Baby's Brain*. Hove: Brunner-Routledge.

Gewirtz, S. (2000) 'Social justice, New Labour and school reform', in G. Lewis, S. Gewirtz and J. Clarke (eds) *Rethinking Social Policy*. London: Sage/Open University.

Gittins, D. (1998) *The Child in Question*. Basingstoke: MacMillan.

Gittins, D. (2004) 'The historical construction of childhood', in M.J. Kehily (ed.) *An Introduction to Childhood Studies*. Maidenhead: Open University Press and McGraw-Hill Education.

Gloucestershire Area Child Protection Committee (1995) *Part 8 Case Review Overview Report in Respect of Charmaine and Heather West*. Gloucester, Gloucestershire: GACPC.

Goldson, B. (2001) 'The demonization of children: from the symbolic to the institutional', in P. Foley, J. Roche and S. Tucker (eds), *Children in Society: Contemporary Theory, Policy and Practice*. Basingstoke: Palgrave.

Goldthorpe, L. (2004) 'Every child matters: a legal perspective, *Child Abuse Review*, 13: 115–136.

Gopnick, A., Meltzoff, A. and Kuhl, P. (1999) *How Babies Think: The Science of Childhood*. London: Weidenfield and Nicolson.

Gregory, E. (1996) *Making Sense of a New World: Learning to Read in a Second Language*. London: Paul Chapman Publishing.

Gregory, J., Lowe, S. and Bates, C.J. (2000) *National Diet and Nutrition Survey: young people aged 4 to 18 years*. Vol 1: Findings. London: HMSO.

Greeno, J. (1997) 'On claims that answer the wrong questions', *Educational Researcher*, 26(1): 5–17.

Hall, D. and Elliman, D. (2004) *Health for all Children* (4th edition). Oxford: Oxford University Press.

Hall, J. (1997) *Social Devaluation and Special Education*. London: Jessica Kingsley Publishers.

Hallet, C. (1995) 'Child abuse: an academic overview', in P. Kingston and B. Penhale (eds) *Family Violence and the Caring Professions*. London: Macmillan.

Hargreaves, L.M. and Hargreaves, D.J. (1997) 'Children's Development 3–7. The learning relationship in the early years', in N. Kitson and R. Merry (eds), *Teaching in the Primary School: A Learning Relationship*. London: Routledge.

Harms, T., Clifford, M. and Cryer, D. (1998) *Early Childhood Environment Rating Scale, Revised Edition (ECERS-R)*. New York: Teachers College Press.

Harrison, R., Mann G., Murphy, M., Taylor, T. and Thompson, N. (2003) *Partnership made Painless: A Joined Up Guide to Working Together*. Dorset: Russell House Publishing Ltd.

Hartup, W.W. (1996) 'The company they keep: friendships and their developmental significance', *Child Development*, 67: 1–13.

Hendrick, H. (1997) 'Constructions and reconstructions of British childhood: an interpretative survey, 1800 to the present', in A. James and A. Prout (eds) *Constructing and Reconstructing Childhood: Contemporary Issues in the Sociological Study of Childhood*. London: RoutledgeFalmer.

Henriques, J., Hollway, W., Urwin, C., Venn, C. and Walkerdine, V. (1984) *Changing the Subject: Psychology, Social Regulation and Subjectivity*. London and New York: Methuen.

Her Majesty's Government (1998) The Data Protection Act (1998). London: Her Majesty's Stationery Office.

Heppell, S. (2000) 'Foreword', in N. Gamble and N. Easingwood (eds), *ICT and Literacy*. London: Continuum.

Hetherington, E.M. and Parke, R.D. (1999) *Child Psychology*. Boston: McGraw Hill College.

Hill, D. (2003) 'Global neo-liberalism, the deformation of education and resistance', *Journal for Critical Education Policy Studies*, 1(1), March. Available online at: *http://www.jceps.com/?pageID=article&articleID=7* [Accessed 1/8/03].

Hill, M. (1999) 'What's the problem? Who can help? The perspectives of children and young people on their well-being and on helping professionals', *Journal of Social Work Practice*, 13(2): 17–21.

Hill, M. and Morton, P. (2003) Promoting children's interest in health: an evaluation of the child health profile. *Children and Society*, 17: 291–304.

Holland, P. (2004) *Picturing Childhood: The Myth of the Child in Popular Imagery*. London: I.B. Taurus.

Holt, J. (1974) *Escape From Childhood: The Needs and Rights of Childhood*. New York: EP Dutton and Co. Inc.

Hopkins, D. Ainscow, M. and West, W. (1994) *School Improvement in an Era of Change*. New York: Teachers College Press.

Housley, W. (2003) *Interaction in Multidisciplinary Teams*. Aldershot: Ashgate Publishing Limited.

Hoyles, M. and Evans, P. (1989) *The Politics of Childhood*. London: Journeyman Press.

Hoyuelos, A. (2004) 'A pedagogy of transgression', *Children in Europe* (March) (6): 6–7.

Hudson, J.A. (1993) 'Script knowledge', in M. Bennett, *The Child as Psychologist: An Introduction to the Development of Social Cognition*. New York: Harvester Wheatsheaf.

Hunter, M. (2004) *Hearts and Minds Reluctantly Follow as Bill Finally Completes Passage*. Available online at: *http//www.communitycare.co.uk/articles* [Accessed 16/01/05].

Huskins, J. (1998) *From Disaffection to Social Inclusion*. Bristol: John Huskins.

Hutt, C. (1966) 'Exploration and play in young children', *Symposia of the Zoological Society of London*, 18: 61–87.

James, A., James, A. (1999) 'Pump up the volume: listening to children in separation and divorce', *Childhood*, 6(2): 189–206.

James, A., James, A. and McNamee, S. (2004) 'Turn down the volume? not hearing children in family proceedings', *Child and Family Law Quarterly*, 16 (2): 189–202.

James, A., Jenks, C. and Prout, A.(1998) *Theorising Childhood*. Cambridge: Polity.

James, A. and Prout, A. (eds) (1997) *Constructing and Reconstructing Childhood: Contemporary Issues in the Sociological Study of Childhood*. London: RoutledgeFalmer.

Jarvis, J. and Lamb, S. (2000) 'Supporting children with communication difficulties', in R. Drury, L. Miller and R. Campbell (eds) *Looking at Early Years Education and Care*. London: David Fulton.

Jenkinson, J. (1997) *Mainstream or Special: Educating Students with Disabilities*. London: Routledge.

Jenks, C. (1982) *The Sociology of Childhood*. London: Batsford.

Jenks, C. (2004) 'Constructing childhood sociologically', in M.J. Kehily (ed.) *An Introduction to Childhood Studies*. Maidenhead: Open University Press.

Johnson, R. (1999) 'Colonialism and cargo cults in early childhood education: does Reggio Emilia really exist?', *Contemporary Issues in Early Childhood*, 1(1): 61–77.

Johnston, T. and Titman, P. (2004) A Health visitor led service for children with behavioural problems. *Community Practitioner*, 77(3) March: 90–94.

Jones, C. (2004) *Supporting Inclusion in the Early Years*. Maidenhead: Oxford University Press.

Jordan, B. (2004) 'Scaffolding learning and co-constructing understandings', in A. Anning, J. Cullen and M. Fleer (eds) *Early Childhood Education*. London: Sage.

Karstadt, L. and Medd, J. (2000) 'Promoting child health', in R. Drury, L. Miller and R. Campbell (eds) *Looking at Early Years Education and Care*. London: David Fulton.

Karstadt, L., Lilley, T. and Miller, L. (2000) 'Professional roles in early childhood', in R. Drury, L. Miller and R. Campbell (eds) *Looking at Early Years Education and Care*. London: David Fulton.

Kaltenborn, K. (2001) 'Family transitions and childhood agency', *Childhood*, 8(4): 463–498.

Katz, L.G. (1988) 'What should young children be doing?' *American Educator*, (Summer): 29–45.

Katz, L. (1992) *Five Perspectives on Quality in Early Childhood Program*, Perspectives from ERIC/EECE: A Monograph Series.

Katz, L.G. (1995) *Talks with Teachers of Young Children*. Norwood, NJ: Ablex.

Kehily, M.J. (ed.) (2004) *An Introduction to Childhood Studies*. Maidenhead: Open University Press and McGraw-Hill Education.

King, M. (1987) 'Playing the symbols – custody and the Law Commission', *Family Law*, (17): 186–191.

Labbo, L.D., Sprague, L., Montero, M.K. and Font, G. (2000) 'Connecting a computer center to themes, literature, and kindergartners' literacy needs', *Reading Online*, 4(1). Available online at: *http://www.readingonline.org/electronic/labbo/* [Accessed 6/8/00].

Laevers, F. (ed.) (1994) *The Leuven Involvement Scale for Young Children. Manual and Video. Experiential Education Series, No. 1*. Leuven, Belgium: Centre for Experiential Education.

Laevers, F. (2000) 'Forward to basics! Deep-level-learning and the experiential approach, in *Early Years*, 20(2): 19–29.

Laming, Lord (2003) *Inquiry into the death of Victoria Climbé*. London: The Stationery Office.

Lansdown, G. (2001) 'Children's welfare and children's rights', in P. Foley, J. Roche and S. Tucker (eds), *Children in Society, Contemporary Theory, Policy and Practice*. Basingstoke: Palgrave.

Lasenby, M. (1990) *Outdoor Play*. London: Harcourt Brace Jovanovich.

Lave, J. (1988) *Cognition in Practice*. Cambridge: Cambridge University Press.

Lave, J. and Wenger, E. (1991) *Situated Learning*. Cambridge: Cambridge University Press.

Leadbeater, C. (2004) *Learning about Personalisation: How Can we Put the Learner at the Heart of the Education System?* Annesley: Department for Education and Skills.

Leeson, C. and Griffiths, L. (2004) 'Working with colleagues', in J. Willan, R. Parker-Rees and J. Savage (eds) *Early Childhood Studies*. Exeter: Learning Matters.

Leiba, T. (2003) 'Mental health policies and inter-professional working', in J. Weinstein, C. Whittington and T. Leiba *Collaboration in Social Work Practice*. London: Jessica Kingsley Publishers.

Leiba, T. and Weinstein, J. (2003) 'Who are the participants in the collaborative process and what makes collaboration succeed or fail?', in J. Weinstein, C. Whittington and T. Leiba *Collaboration in Social Work Practice*. London: Jessica Kingsley Publishers.

Lepper, M. R., Drake, M. F. and O'Donnell-Johnson, T. (1997) 'Scaffolding techniques of expert human tutors', in M. Pressley and K. Hogan (eds) *Advances in Teaching and Learning*. New York: Brookline Press.

Lloyd, G., Stead, J. and Kendrick, A. (2001) *Interagency Working to Prevent School Exclusion*. York: Joseph Rowntree Foundation. Available online at: *http://www.jrf.org.uk/knowledge/findings/social* policy/961asp. [Accessed 10/10/04].

Lloyd-Smith, M. and Tarr, J. (2000) 'Researching children's perspectives: a sociological dimension', in A. Lewis, and G. Lindsay (eds), *Researching Children's Perspectives*. Buckingham: Open University Press.

Loxley, A. (1997) *Collaboration in Health and Welfare: Working with Difference*. London: Jessica Kingsley Publishers Limited.

Luke, C. (1999) 'What next? Toddler Netizens, playstation thumb, techno-literacies', *Contemporary Issues in Early Childhood*, 1(1): 95–100.

Macdonald, H., Henderson, R. and Oates, K. (2004) Low uptake of immunisation: contributing factors. *Community Practitioner*, 77(3) March: 95–100.

MacLeod-Brudenell, I. (ed.) (2004) *Advanced Early Years Care and Education*. Oxford: Heinemann.

MacNaughton, G. (2003) *Shaping Early Childhood*. Maidenhead: Open University Press.

MacNaughton, G. (2004) 'Exploring critical constructivist perspectives on children's learning', in A. Anning, J. Cullen and M. Fleer (eds) *Early Childhood Education*. London: Sage.

Malaguzzi, L. (1993) 'For an education based on relationships', *Young Children*, 11/93: 9–13.

Malaguzzi, L. (1996) 'The hundred languages of children', in Reggio Children, *The Hundred Languages of Children*. Reggio Emilia: Reggio Children.

Manning-Morton, J. and Thorp, M. (2003) *Key Times for Play: The First Three Years*. Maidenhead: Open University Press.

May, V. and Smart, C. (2004) 'Silence in court? Hearing children in residence and contact dipsutes', *Child and Family Law Quarterly*, 16 (3): 305–320.

Mayall, B. (ed.) (1994) *Children's Childhoods: Observed and Experienced*. London: Falmer Press.

Mayall, B. (1996) *Children, Health and the Social Order*. Buckingham: Open University Press.

Mayall, B. (2002) *Towards a Sociology of Childhood: Thinking From Children's Lives*. Buckingham: Open University Press.

Maynard, T. and Thomas, N. (eds) (2004) *An Introduction to Early Childhood Studies*. London: Sage.

Macormick, N. (1982) *Legal Rights and Social Democracy: Essays in Legal and Political Philosphy*. Oxford: Clarendon Press.

Merry, R. (1997) 'Cognitive development 7–11. The learning relationship in the junior years', in N. Kitson and R. Merry (eds), *Teaching in the Primary School: A Learning Relationship*. London: Routledge.

Meltzer, H., Gatward, R. and Goodman. R (2000) *Mental Health of Children and Adolescents in Great Britain*. London: Office of National Statistics.

Ministerial Group on The Family (1998) *Supporting Families: A consultation Document*. London: HMSO.

Ministry of Agriculture, Fisheries and Food (MAFF) (1997) *National Food Survey* London: HMSO.

Ministry of Education (1996) *Te Whariki: He Whaariki Matauranga: Early Childhood Curriculum*. Wellington: Learning Media.

Ministry of Education (2002) *Pathways to the Future: Nga Huarahi Aratiki. A 10-Year Strategic Plan for Early Childhood Education*. Wellington: Learning Media.

Monk, D. (2004) 'Childhood and the law: in whose best interests?', in M.J. Kehily (ed.) *An Introduction to Childhood Studies*. Maidenhead: Open University Press.

Mortimer, H. (2002) *Special Needs Handbook: Meeting Special Needs in Early Years Settings*. Leamington Spa: Scholastic.

Moss, P. (2001a) 'Britain in Europe: Fringe or heart?', in G. Pugh (ed.) *Contemporary Issues in the Early Years: Working Collaboratively for Children* (3rd edn). London: Paul Chapman Publishing.

Moss, P. (2001b) *Beyond Early Childhood Education and Care*. Report to OECD Conference, Stockholm 13–15 June.

Moss, P. (2001c) 'Policies and provisions, politics and ethics', in T. David (ed.) *Advances in Applied Early Childhood Education, Vol 1: Promoting Evidence Based Practice in Early Childhood Education*. London: JAI.

Moss, P. (2001d) 'The otherness of Reggio', in L. Abbott and C. Nutbrown (eds) *Experiencing Reggio Emilia: Implications for Preschool Provision*. Oxford: Oxford University Press.

Moss, P. and Pence, A. (1994) *Valuing Quality in Early Childhood Services*. London: Paul Chapman Publishing.

Moss, P. and Petrie, P. (2002) *From Children's Services to Children's Spaces*. London and New York: RoutlegdeFalmer.

Moss, P. and Petrie, P. (2003) *From Children's Services to Children's Spaces*. London: RoutledgeFalmer.

Moss, P., Petrie, P. and Poland, G. (1999) *Rethinking School – Some International Perspectives.* London: National Youth Agency. Available online at: *www.jrf.org.uk/knowledge/findings/social policy/n29.asp* [Accessed 5/11/03].

Moss, P., Candappa, M., Cameron, C., Mooney, A., McQuail, S. and Petrie, P. (2003) *Early Years and Childcare International Evidence Project: An Introduction to the Project.* London: DfES.

Moyles, J.R. (1989) *Just Playing? The Role and Status of Play in Early Childhood Education.* Buckingham: Open University Press.

Moyles, J.R. (ed.) (1994) *The Excellence of Play.* Buckingham: Open University Press.

Moyles, J.R. (1997) 'Just for fun? The child as an active learner and meaning maker', in N. Kitson and R. Merry (eds) *Teaching in the Primary School: A Learning Relationship.* London: Routledge.

Muller, P. (1973) 'Childhood's changing status over the centuries', in L.M. Brockman, J.H. Whiteley, and J.P. Zubak (eds) *Child development: Selected Readings,* 2–10. Toronto: McClelland and Stewart.

Murray, J. and Lumsden, E. (2004) 'Joining up the thinking – turning the policy into real practice'. Paper presented at the EECERA Annual Conference, Malta (September).

Mustard, F. and McCain, J. (1999) *Reversing the Real Brain Drain, Final Early Years Report for Ontario Government.* Ontario: Canada.

Norwich, B. (1997) *Inclusion or Exclusion: Future Policy for Emotional and Behavioural Difficulties Education. SEN Policy Options Steering Group.* Tamworth: NASEN.

Nutbrown, C. (ed.) (1996) *Children's Rights and Early Education.* London: Paul Chapman.

Nutbrown, C. (1999) *Threads of Thinking.* London: Paul Chapman.

Nutbrown, C. (2001) 'Watching and learning: The tools of assessment', in G. Pugh (ed.) *Contemporary Issues in the Early Years: Working Collaboratively for Children.* London: Paul Chapman.

Nutbrown, C. and Abbott, L. (2001) 'Experiencing Reggio Emilia', in L. Abbott and C. Nutbrown (eds) *Experiencing Reggio Emilia: Implications for Pre-school Provision.* Oxford: Oxford University Press.

Oberhuemer, P. and Ulich, M. (1997) *Working with Children in Europe.* London: Paul Chapman Publishing.

O'Brien, T. (ed.) (2001) *Enabling Inclusion: Blue Skies ... Dark Clouds?* London: Stationary Office.

OECD (2001) *Starting Strong – Policy Challenges for Early Childhood Education and Care Provision Across OECD Countries.* Paris: OECD.

OECD (2004) *Five Curriculum Outlines. Starting Strong: Curricula and Pedagogies in Early Childhood Education and Care.* Paris: OECD.

Office for Standards in Education (2003) *The Education of Six Year Olds in England, Denmark and Finland: An International Comparative Study.* London: Ofsted.

Office for Standards in Education (2004a) *NR 2004–126.* Available online at: *http://www.ofsted.gov.uk* [Accessed 12/12/04].

Office for Standards in Education (2004b) *The Future of Early Years Inspection.* Available online at: *http://www.ofsted.gov.uk* [Accessed 12/12/04].

Office for Standards in Education. (2004c) *The Future of Inspection: A Consultation Paper.* Available online at: *http://www.ofsted.gov.uk* [Accessed 12/12/04].

Parke, R. and Hertherington, E. (1999) *Child Psychology* (5th edn). Boston: McGraw Hill College.

Parry, A. and Jowett, S. (2001) The origins of early feeding problems. *Community Practitioner*, 74(4) April: 143–145.

Pascal, C. and Bertram, T. (eds) (1997) *Effective Early Learning.* London: Hodder and Stoughton.

Pascal, C. and Bertram, A.D. (1994) 'Defining and assessing quality in the education of children from 4–7 years', in F. Laevers (ed.) *Defining and Assessing the Quality in Early Childhood Education.* Studia Paedagogica (16). Leuven, Belgium: Leuven University Press.

Pascal, C., Bertram, A.D., Ramsden, F., Georgeson, J., Saunders, M. and Mould, C. (1996) *Evaluating and Developing Quality in Early Childhood Settings: A Professional Development Programme.* Worcester: Amber Publications.

Pea, R. D. (1993) 'Practices of distributed intelligence and designs for education', in G. Salomon (ed.) *Distributed Cognitions: Psychological and Educational Considerations.* Cambridge: Cambridge University Press.

Pence, A. (1992) 'Quality care: thoughts on R/rulers'. Paper presented at Workshop on Defining and Assessing Quality. Selville (September).

Penn, H. (1997) *Comparing Nurseries.* London: Paul Chapman.

Penn, H. (1999) *A Framework for Quality: A European Perspective.* London: Institute of Education, London University, May.

Penn, H. (ed.) (2000) *Early Childhood Services.* Buckingham: Open University Press.

Penn, H. (2005) *Understanding Early Childhood: Issues and Controversies.* Maidenhead: Open University Press and McGraw-Hill Education.

Phillips, D., McCartney, K. and Scarr, S. (1987) 'Child care quality and children's social development', *Journal of Applied Developmental Psychology*, 23(4): 537–543.

Pinkerton, J. (2001) 'Developing Partnership Practice', in P. Foley, P.J. Roche and S. Tucker (eds) *Children in Society: Contemporary Theory, Policy and Practice.* Basingstoke: Palgrave.

Podmore, V.N. (2004) 'Questioning evaluation quality in early childhood', in A. Anning, J. Cullen and M. Fleer (eds) *Early Childhood Education*. London: Sage.

Pollard, A. (1996) *The Social World of Children's Learning: Case Studies of Pupils from Four to Seven*. London: Cassell.

Pollard, A. (2000) 'Child agency and primary schooling', in M. Boushel, M. Fawcett and J. Selwyn (eds) *Focus on Early Childhood: Principles and Realities*. Oxford: Blackwell.

Pollock, L. (1983) *Forgotten Children – Parent: Child Relations from 1500–1900*. Cambridge: Cambridge University Press.

Postman, N. (1983) *The Disappearance of Childhood*. New York: W.H. Allen.

Powell, A. (2004) 'High court challenge to secret abortions for under-16s', *Daily Mail*, 15 December: 33.

Public Health Institute of Scotland (2003) *Need Assessment Report on Child and Adolescent Mental Health*. NHS: Scotland.

Pugh, G. (ed.) (2001) *Contemporary Issues in the Early Years: Working Collaboratively with Children* (3rd edn). London: Sage.

Qvortrup, J., Bardy, M., Sgritta, G. and Wintersberger, H. (eds) (1994) *Childhood Matters: Social Theory, Practice and Politics*. Aldershot: Avebury.

Raban, B., Ure, C. and Manjula, W. (2003) 'Multiple perspectives: acknowledging the virtue of complexity in measuring quality', *Early Years*, 23 (1): 67–77.

Radford, M. (1999) 'Co-constructing reality: the child's understanding of the world', in T. David (ed.) *Young Children Learning*. London: Paul Chapman Publishing Ltd.

Reder, P., Duncan, S. and Gray, M. (1993) *Beyond Blame: Child Abuse Tragedies Revisited*. London: Routledge.

Rickinson, M., Dillon, J., Teamey, K., Young Choi, M., Morris, M. and Benefield, P. (2003) *A Review of Research on Outdoor Learning: Summary of Interim Findings*. Reading: NFER.

Rigby, K. (2002) *New perspectives on bullying*. Jessica Kingsley, London.

Riley, J., (ed.) (2003) *Learning in the Early Years: A Guide for Teachers of 3–7*. London: Paul Chapman Publishing.

Rinaldi, C. and Moss, P. (2004) 'What is Reggio?' *Children in Europe*, (March) (6): 2–3.

Robbins, H. (2004) Minor illness education for parents of young children. *Journal of Advanced Nursing*, 44(3): 238–247.

Roberts, R. (1998) 'Thinking about me and them', in I. Siraj-Blatchford (ed.) *A Curriculum Development Handbook for Early Childhood Educators*. Stoke on Trent: Trentham Books.

Roberts, R. (2002) *Self-esteem and Early Learning*. London: Paul Chapman Publishing.

Robson, C. (1993) *Real World Research*. Oxford: Basil Blackwell.

Roche, J. (2001) 'Social work values and the law', in L. Cull and J. Roche (eds) *The Law and Social Work*. Basingstoke: Palgrave.

Roffey, S. (2001) *Special Needs in the Early Years*. London: David Fulton.

Rofrano, F. (2000) 'A response to colonialism and cargo cults in early childhood education: does Reggio Emilia really exist?', *Contemporary Issues in Early Childhood*, 1(2): 227–230.

Rogoff, B. (1990) *Apprenticeship in Thinking: Cognitive Development in Social Context*. New York: Plenum Press.

Rogoff, B. (1997) 'Evaluating development in the process of participation: theory, methods and practice building on each other', in E. Amsel and K.A. Renninger (eds) *Change and Development: Issues of Theory, Method and Application*. Mahwah, NJ and London: Erlbaum.

Rogoff, B. (1998) 'Cognition as a collaborative process', in D. Kuhn and R.S. Seigler (eds), *Handbook of Child Psychology*, Vol 2, (5th edn). New York: John Wiley.

Rogoff, B. (2003) *The Cultural Nature of Human Development*. New York: Oxford University Press.

Rose, S. (1989) *From Brains to Consciousness? Essays on the New Sciences of the Mind*. London: Penguin.

Ryder, M. and Wilson, B. (1997) 'From center to periphery: shifting agency in complex technical learning environments', Paper presented at the American Educational Research Association, Chicago, March.

Sainsbury, C. (2000) *Martian in the Playground, Understanding the Schoolchild with Asperger's Syndrome*. Bristol: Lucky Duck Publishing.

Saljo, R. (1999) 'Learning as the use of tools: a sociocultural perspective on the human-technology link', in K. Littleton and P. Light (eds) *Learning with Computers*. London: Routledge.

Salomon, G. (ed.) (1993) *Distributed Cognitions: Psychological and Educational Considerations*. Cambridge, UK: Cambridge University Press.

Sanders, B. (2004) 'Interagency and multidisciplinary working', in T. Maynard and N. Thomas (eds) *An Introduction to Early Childhood Studies*. London: Sage Publications.

Sayeed, Z. and Guerin, E. (2000) *Early Years Play: A Happy Medium for Assessment and Intervention*. London: David Foulton.

Schaffer, H.R. (1992) 'Joint involvement episodes as contexts for cognitive development', in H. McCurk (ed.) *Childhood and Social Development: Contemporary Perspectives*. Hove: Lawrence Erlbaum.

Schaffer, H.R. (1996) *Social Development*. Oxford: Blackwell.

Schweinhart, L. (2001) 'How the High/Scope Perry preschool study has influenced public policy'. Paper given at Third International Interdisciplinary Evidence-based Policies and Indicator Systems conference, July 2001.

Schweinhart, L. J., Barnes, H. V., and Weikart, D. P. (1993) 'Significant benefits: the High/Scope perry preschool Study through age 27'. *Monographs of the High/Scope Educational Research Foundation*, 10. Ypsilanti, MI: High/Scope Press.

Scott, W. (1996) 'Choices in learning', in C. Nutbrown, *Respectful Educators – Capable Learners: Children's Rights and Early Education*. London: Paul Chapman.

Scott, W. (2001) 'Listening and learning', in L. Abbott and C. Nutbrown (eds) *Experiencing Reggio Emilia: Implications for Preschool Provision*. Buckingham: Open University Press.

Scrivens, C. (2002) 'Early childhood education in New Zealand: the interface between professionalism and the New Right', in L.K.S. Chan and E.J. Mellor (eds) *International Developments in Early Childhood Services*. New York: Peter Lang.

Selleck, D. and Griffin, S. (1996) 'Quality for the under threes', in G. Pugh (ed.) *Working Collaboratively for Children* (2nd edn). London: National Children's Bureau.

Sharland, M. (1997) cited in Diggle, L. (2004) Childhood immunisation programmes. *Community Practitioner*, 77(9) Sept: 347–349.

Shaw, I. (2000) 'Just inquiry? Research and evaluation for service users', in H. Kemshall and R. Littlechild (eds) *User Involvement and Participation in Social Care: Research Informing Practice*. London: Jessica Kingsley Publishers Limited.

Shuttleworth, D. (2003) *School Management in Transition*. London: Routledge Falmer.

Silin, J. (1995) *Sex, Death and the Education of Children: Our Passion for Ignorance in the Age of Aids*. New York: Teachers College Press.

Siraj-Blatchford, I. (2004) 'Quality teaching in the early years', in A. Anning, J. Cullen and M. Fleer (eds) *Early Childhood Education*. London: Sage.

Smidt, S. (2002) *A Guide to Early Years Practice*. London: RoutledgeFalmer.

Smith, P.K. (1978) 'A longitudinal study of social participation in pre-school children: solitary and parallel play re-examined', *Developmental Psychology*, 14: 517–523.

Smith P.K. and Cowie, H. (2003) *Understanding Children's Development*. Oxford: Blackwell.

Snodgrass-Godoy, A. (1999) 'Our right to be killed', *Childhood*, 6(4): 425–442.

Staggs, L. (2004) cited in S. Palmer (2004) 'Early years: the right start', *Times Educational* Supplement, 19 March, pp. 14–15.

Stainton-Rogers, W. (1989) 'The Social Construction of Childhood', in W. Stainton-Rogers, D. Harvey, J. Roche and E. Ask (eds) *Child Abuse and Neglect: Facing the Challenge*. London: Batsford.

Stainton-Rogers, W. (2001) 'Theories of Child Development', in P. Foley, J. Roche, and S. Tucker (eds) *Children in Society: Contemporary Theory, Policy and Practice*. Basingstoke: Palgrave.

Stainton-Rogers, W. (2004) 'Promoting better childhoods: constructions of child concern', in M.J. Kehily (ed.) *An Introduction to Childhood Studies*. Maidenhead: Open University Press and McGraw-Hill Education.

Stakes, R. and Hornby, G. (1997) *Meeting Special Needs in Mainstream Schools*. London: David Fulton.

Steedman, C. (1990) *Childhood, Culture and Class in Britain, Margaret McMillan 1860–1931*. London: Virago.

Stone, C.A. (1998) 'What is missing in the metaphor of scaffolding?', in D. Faulkner, K. Littleton and M. Woodhead (eds) *Learning Relationships in the Classroom*. London: Routledge.

Sturge, C. and Glaser, D. (2000) 'Contact and domestic violence – the experts' court report', *Family Law*, (30): 615–629.

Sylva, K. (1994a) 'The impact of early learning on children's later development', in C. Ball (ed.) *Start Right: The Importance of Early Learning*. London: Royal Society of Arts.

Sylva, K. (1994b) 'School influences on children's development', *Journal of Child Psychology and Psychiatry*, 35(1): 135–170.

Sylva, K. (2003) *Assessing Quality in the Early Years*. Stoke on Trent: Trentham Publishers.

Sylva, K. and Siraj-Blatchford, I. (2001) 'The relationship between children's developmental progress in the pre-school period and two rating scales'. Paper presented at the International ECERS Network Workshop, Santiago, Chile (31 July).

Sylva, K., Melhuish, E. C., Sammons, P., Siraj-Blatchford, I. and Taggart, B. (2004) The Effective Provision of Pre-school Education (EPPE) Project: *Technical Paper 12 – The Final Report: Effective Pre-school Education*. London: DfES/Institute of Education, University of London.

Sylwester, R. (1995) *A Celebration of Neurones: An Educator's Guide to the Brain*. Alexandra, VA: ASCD.

Taylor, B. (1993) Childhood immunisation and family size. *Health Trends*, 25(1): 16–19.

Tharp, R. and Gallimore, R. (1991) 'A theory of teaching as assisted performance', in P. Light, S. Sheldon and M. Woodhead (eds) *Learning to Think*. London: Routledge.

The Editor (2001) 'Welcome to the tween age', *The Guardian*, 30 March, pp. 15.

Thomas, N. (2000) 'Listening to children', in P. Foley, J. Roche, and S. Tucker (eds) *Children in Society: Contemporary Theory, Policy and Practice*. Basingstoke: Palgrave.

Thomas, N. (2004) 'Law relating to children', in T. Maynard and N. Thomas (ed.) *An Introduction to Early Childhood Studies*. London: Sage.

Thompson, N. (2003a) *Communication and Language: A Handbook of Theory and Practice*. Basingstoke: Palgrave.

Thompson, T. (2003b) 'Learning disabilities: effective partnership and teamwork to overcome barriers in service provision', in J. Weinstein, C. Whittington and T. Leiba (eds) *Collaboration in Social Work Practice*. London: Jessica Kingsley Publishers.

Thorpe, S. (2004) 'Positive engagement', *Care and Health*, 73: 22–23.

Tizard, B. and Hughes, M. (1984) *Young Children Learning*. London: Fontana.

Tobin, J. (1995) 'Post-structural research in early childhood education', in J. Hatch (ed.) *Qualitative Research in Early Childhood Settings*. Connecticut: Praeger.

Tomlinson, S. (1982) *A Sociology of Special Education*. London: R.K.P.

Trevarthen, C. (1977) 'Descriptive analyses of infant communicative behaviour', in H.R. Schaffer (ed.) *Studies in Mother–Infant Interaction*. London: Academic Press.

Trevarthen, C. (1993) 'The functions of emotions in early infant communication and development', in, J. Nadel and L. Camaiori (eds) *New Perspectives on Early Communicative Development*. London: Routledge.

United Nations Educational, Scientific and Cultural Organisation (1989) *Convention on the Rights of the Child*. Paris: United Nations Educational, Scientific and Cultural Organisation.

United Nations Educational, Scientific and Cultural Organisation Almaty Office (2004) *Six Education For All Goals*. Available online at: *http://www.unesco.kz/index.php?lang=&sector=Education&newsid=854* [Accessed 2/8/04].

UNICEF (2004) *The State of the World's Children*. New York: UNICEF.

United Nations Children's Fund (2003) *The Best Start in Life for Every Child*. Available online at: *www.unicef.org/earlychildhood/* [Accessed 24/7/04].

Vecchi, V. (1993) 'Role of the atelierista', in C. Edwards, L. Gandini and G. Foreman (eds) *The Hundred Languages of Children – The Reggio Emilia Approach to Early Childhood Education*. Norwood, NJ: Ablex.

Velleman, R. and Templeton, L. (2003) 'Alcohol, drugs and the family: results from a long running research programme within the UK', *European Addiction Research*, 9: 103–112.

Vygotsky, L.S. (1978) *Mind in Society*. Cambridge, MA: Harvard University Press.

Vygotsky, L.S. (1986) *Thought and Language*. New York: MIT Press.

Walkerdine, V. (1984) 'Developmental psychology and the child-centred pedagogy', in J. Henriques, W. Hollway, C. Urwin, C. Venn and V. Walkerdine (eds) *Changing the Subject: Psychology, Social Regulation and Subjectivity*. London and New York: Methuen.

Walkerdine, V. (1993) 'Beyond developmentalism', *Theory & Psychology*, 3(4): 451–469.

Walkerdine, V. (2004) 'Developmental psychology and the study of childhood', in M.J. Kehily (ed.) *An Introduction to Childhood Studies*. Maidenhead: Open University Press and McGraw-Hill Education.

Waller, T., Murray, J. and Waller, J. (2004) 'Outdoor learning and well being: children's spaces and children's minds'. Paper presented at the EECERA Annual Conference, Malta 1–4 September 2004.

Webb, E. (2001) 'The health of children in refuges for women victims of domestic violence: cross-sectional descriptive study', *BMJ*, 323: 210–213

Weinstein, J., Whittington, C. and Leiba, T. (2003) *Collaboration in Social Work Practice*. London: Jessica Kingsley Publishers.

Wells, G. (1987) *The Meaning Makers*. London: Hodder and Stoughton.

Wenger, E. (1998) *Communities of Practice: Learning, Meaning and Identity*. Cambridge: Cambridge University Press.

Wertsch, J.V. (1985) *Culture, Communication and Cognition*. Cambridge, UK: Cambridge University Press.

Whalley, M. (2001) 'Working as a team', in G. Pugh (ed.) *Contemporary Issues in the Early Years: Working Collaboratively with Children* (3rd edn). London: Sage.

White, J. (2003) Barriers to eating 'five a day' fruit and vegetables. *Community Practitioner*, 76(10) October: 377–380.

Whittington, C. (2003) 'Collaboration and partnership in context', in J. Weinstein, C. Whittington and T. Leiba, *Collaboration in Social Work Practice*. London: Jessica Kingsley Publishers.

Willan, J., Parker-Rees, R. and Savage, J. (2004) *Early Childhood Studies*. Exeter: Learning Matters.

Willey, C. (2000) 'Working with parents in early years settings', in R. Drury, L. Miller and R. Campbell (eds) *Looking at Early Years' Education and Care*. London: David Fulton.

Willow, C., Marchant, R., Kirby, P. and Neale, B. (2004) *Young Children's Citizenship*. York: Joseph Rowntree Foundation.

Wilson, R. (1998) *Special Educational Needs in the Early Years*. London: Routledge.

Wilson, T. (2000) Factors influencing the immunisation status of children in a rural setting. *Journal of Paediatric Health Care*, 14: 117–121.

Wolfendale, S. (2000) 'Special needs in the early years: prospects for policy and practice', *Support for Learning*, 15 (4).

Wood, E. and Attfield, J. (1996) *Play, Learning and the Early Years Curriculum*. London: Paul Chapman.

Wood, D.J., Bruner, J.S., and Ross, G. (1976) 'The role of tutoring in problem solving', *Journal of Child Psychology and Psychiatry*, 17(2): 89–100.

Woodhead, M. (1999) 'Towards a global paradigm for research into early childhood education', *European Early Childhood Research Journal*, 7(1): 5–22.

Woodhead, M. (2003) 'Childhood studies: past, present and future'. Paper presented at Open University Conference, 'Childhood Reconsidered', 27 June.

Wells, G. (1987) *The Meaning Makers*. London: Hodder and Stoughton.

World Health Organisation (1999) *A Critical Link – Interventions for Physical Growth and Psychological Development*. World Health Organisation.

Wray, D. and Medwell, J. (1998) *Teaching English in Primary Schools*. London: Letts.

Wright, S. (2000) 'Why Reggio Emilia doesn't exist: a response to Richard Johnson', *Contemporary Issues in Early Childhood*, 1(2): 223–226.

Yelland, N.J. (1999) 'Technology as play', *Early Childhood Education Journal*, 26(4): 217–225.

Young Minds (2003) *Tuning in to Our Babies: The Importance of the Relationship Between Parents and Their Babies and Toddlers*. London: Young Minds.

Zelitzer, V. (1985) *Pricing the Priceless Child*. New York: Basic Books.

Zuckerman, M. (1993) 'History and developmental psychology: a dangerous liaison', in G. Elder, J. Modell and R. Parke (eds) *Children in Time and Space: Developmental and Historical Insights*. Hillsdale, NJ: Lawrence Erlbaum Associates.

國家圖書館出版品預行編目資料

幼兒教育概論／Tim Waller 主編；陳蕙如、劉菊枝譯
-- 初版.-- 臺北市：心理, 2010.02
　面；　公分.--（幼兒教育系列；51137）
參考書目：面
譯自：An introduction to early childhood:
a multidisciplinary approach
ISBN 978-986-191-336-0（平裝）

1. 學前教育

523.2　　　　　　　　　　　　　　　99000084

幼兒教育系列 51137

幼兒教育概論

主　　編：Tim Waller
譯　　者：陳蕙如、劉菊枝
執行編輯：林汝穎
總 編 輯：林敬堯
發 行 人：洪有義
出 版 者：心理出版社股份有限公司
地　　址：台北市大安區和平東路一段 180 號 7 樓
電　　話：(02) 23671490
傳　　真：(02) 23671457
郵撥帳號：19293172　心理出版社股份有限公司
網　　址：http://www.psy.com.tw
電子信箱：psychoco@ms15.hinet.net
駐美代表：Lisa Wu（Tel: 973 546-5845）
排 版 者：辰皓國際出版製作有限公司
印 刷 者：辰皓國際出版製作有限公司
初版一刷：2010 年 2 月
I S B N：978-986-191-336-0
定　　價：新台幣 250 元